읽으면서 깨치는
나의 첫 한자책 ①

읽으면서 깨치는
나의 첫 한자책 ①

이이화·강혜원·박은숙 지음 | 박지윤 그림

휴먼
어린이

초대하는 글

우리말 실력을 키우며 삶의 지혜를 배우는
똑똑한 한자

누군가 "성이 뭐예요?" 하고 묻는다면 어떤 대답이 나올까요?
"김 씨나 이 씨, 박 씨 같은 가족의 성을 말합니다."
"여성, 남성을 가리키는 말이지요."
"궁궐을 말하는 거 아닌가요? 아니면 적의 침략을 막기 위해 쌓은 높은 담 같은 건가요?"

이 밖에도 많은 대답이 나올 수 있을 거예요.
'성'처럼 같은 소리인데도 다른 뜻을 가진 낱말은 많아요. 바로 한자어로 된 말들인데, 우리말에는 한자어로 된 말이 참 많지요. '아하! 우리말 실력을 키우려면 한자를 배워야겠구나.' 그런 생각이 들 거예요.
한자를 배우면 우리말 실력이 자랄 뿐 아니라 생각하는 힘도 커진답니다. 어떻게 그 글자가 생겨났는지, 글자 안에 어떤 생활 모습이 담겨 있는지, 그 글자로 만들 수 있는 낱말이 무엇인지 꼬리에 꼬리를 물고 생각이 이어지기 때문이지요.

그렇다면 한자를 어떻게 배워야 할까요? 쓰고 또 쓰고, 외우고 또 외우며 열심히 공부하면 될까요? 물론 한자를 무조건 외우고 쓰는 방법도 있겠지만, 이건 정말 지루한 한자 공부 방법이에요. 이 책은 여러분이 쉽고 재미나게 한자를 익혀 나갈 수 있도록 이끌어 줍니다. 한자와 관련된 그림과 글들을 곁들여 술술 재미나게 읽힙니다. 읽다 보면 자연스럽게 한자의 뜻을 깨치고, 어느덧 많은 낱말을 알게 되지요.

1권에서는 쉬운 글자부터 시작합니다. 어떻게 만들어졌으며, 어떤 뜻을 지닌 글자인지 아주 옛날의 글자 모양과 그림을 통해 이해할 수 있을 거예요. 서로 연관된 글자들을 함께 모아 생각이 이어지도록 했습니다.

2권에서는 뜻이 반대되는 한자, 뜻이 비슷한 한자, 부수가 같은 한자 등을 통해 우리말 실력을 키우며 생각의 폭이 더욱 넓어지도록 했습니다.

3권에서는 음이 같은 한자와 그 한자가 포함된 낱말, 뜻이 반대되는 낱말, 우리 생활과 친숙한 한자어들을 배울 수 있습니다.

1, 2, 3권 모두 한자에 얽힌 이야기와 고사성어, 그림 등이 함께 실려 있습니다. 재미있게 한자를 만나면서 실력을 키워 갈 수 있을 거예요.

이 책을 읽으면서 한자에 담긴 뜻을 깨치고, 우리말 실력을 키우며 삶의 지혜를 아울러 배워 가길 바랍니다. 읽다 보면 어느덧 똑똑한 한자를 깨친, 똑똑한 한자 실력쟁이가 되어 있을 거예요. 또 나중에 한국사나 고전문학과 같은 학문을 공부할 때에도 한자 실력은 이해력을 아주 높여 준답니다. 어때요? 우리 함께 읽으면서 깨치는 한자 공부를 시작해 볼까요?

2019년 6월

이이화·강혜원·박은숙

차례

초대하는 글   4

1 함께 어우러져 살아가는 사람   8
알아 두면 좋아요! 한자 모양, 문자의 발달

2 이 세상 모든 물건의 수 I   12
이야기 속의 한자 이성계의 꿈

3 하늘에 있는 해와 달   16
알아 두면 좋아요! 한자는 어떻게 만들어졌을까?

4 지구의 이웃 별들   20
이야기 속의 한자 목석 같은 사람

5 나를 낳아 주신 부모님   24
알아 두면 좋아요! 한자를 쓰는 기본 원칙

연습 문제   28

6 올곧은 마음으로 사는 사람   30
이야기 속의 한자 뱀의 발을 그리다

7 말과 행동은 일치해야 한다   34
이야기 속의 한자 돼지를 잡아 약속을 지키다

8 날아다니는 새와 땅 위의 짐승   38
이야기 속의 한자 물고기와 물처럼 떨어질 수 없는 사이

9 사람이 나무에 기대면   42
이야기 속의 한자 보아도 보지 못하다

10 별은 어떻게 만들어질까   46
알아 두면 좋아요! 한자는 어떻게 만들어졌을까?

연습 문제   50

11 뜻이 반대되는 한자 52
알아 두면 좋아요! 한자의 획 모양에는 어떤 것이 있을까?

12 이 세상 모든 물건의 수 Ⅱ 56
이야기 속의 한자 도망간 건 마찬가지인데

13 공평하고 올바른 세상을 위하여 60
이야기 속의 한자 파자 이야기

14 남녀노소, 모든 사람들 64
이야기 속의 한자 많을수록 좋다

15 무형과 유형 68
이야기 속의 한자 그림자 없는 탑

연습 문제 72

16 할아버지와 손자 74
이야기 속의 한자 멋진 할아버지와 똑똑한 손자

17 네 방향과 사계절 78
이야기 속의 한자 밥은 동쪽에서 먹고 잠은 서쪽에서 자고

18 더욱 편리한 생활 82
이야기 속의 한자 대들보 위의 군자

19 당당하고 깨끗한 행동 86
이야기 속의 한자 잃어버린 도끼

20 농촌의 아름다운 풍습 90
이야기 속의 한자 모를 잡아당긴 사람

연습 문제 94

1 함께 어우러져 살아가는 사람

하늘과 땅 **사이**[中]에 사는 **사람**[人]은 양쪽에서 버티면서 도와주는 모습이다. 눈을 들면 **위**[上]에 하늘이 있고 **아래**[下]를 보면 땅이 있지만, 사람은 높고 낮음 없이 **남자**(男子)와 **여자**(女子)가, 아이와 어른이 함께 어우러져 살아간다.

배울 한자: 人, 女, 子, 上, 中, 下

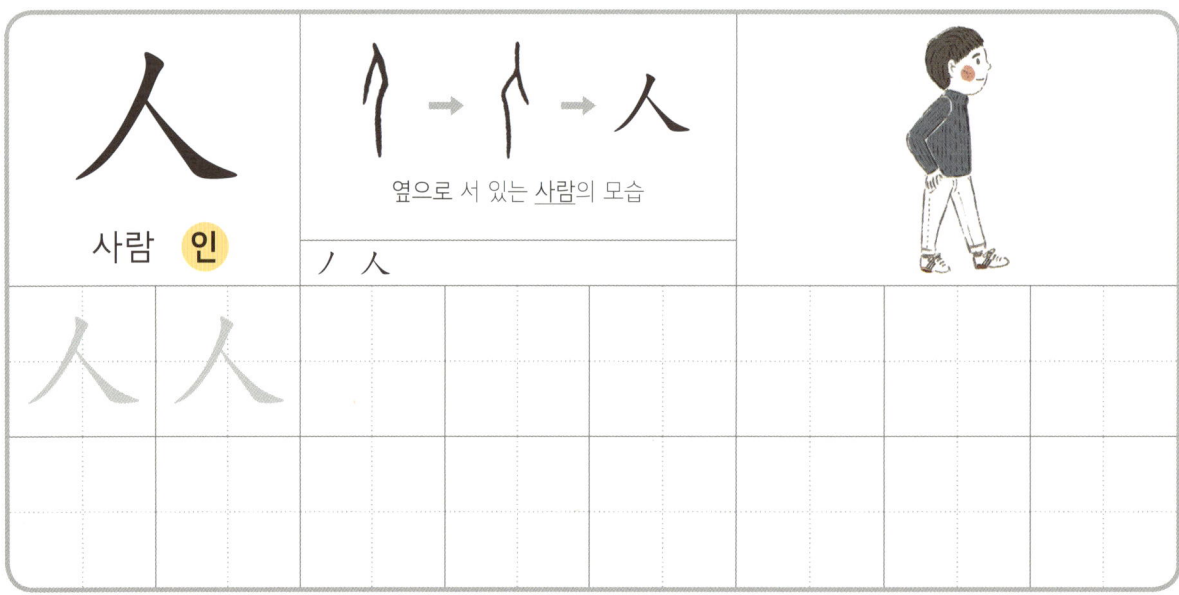

① 함께 어우러져 살아가는 사람

한자 모양

한자는 그 모양과 음과 뜻, 세 가지 요소를 갖추고 있다. 쓸 때는 그 모양을, 읽을 때는 음을, 새길 때는 뜻으로 말해야 한다.

한자 모양	人	中	下
뜻	사람	가운데	아래
음	인	중	하

문자의 발달

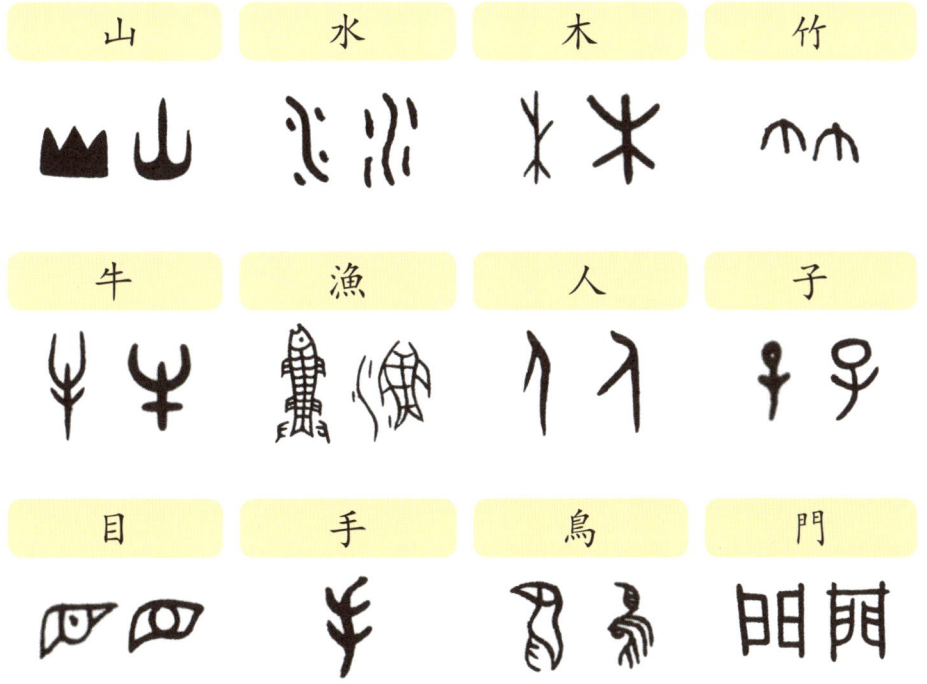

1 함께 어우러져 살아가는 사람

2 이 세상 모든 물건의 수 Ⅰ

일(一), **이**(二), **삼**(三), 사, 오, 육, 칠, 팔, 구, 십, 백, 천, 만, 억이면 세상 모든 물건의 **크고**[大] **작은**[小] 수를 거의 다 셀 수 있지만 우주의 별들, 바닷가의 모래알, 세상의 모든 생물들까지 헤아리려면 더 큰 수도 필요하다. 그래도 출발은 하나, 둘, 셋부터!

배울 한자 一, 二, 三, 大, 小, 효

一	━ → ━ → ━ → 一	
한 일	가로 그은 한 획으로 <u>하나</u>를 나타냄.	
	一	
━ ━		

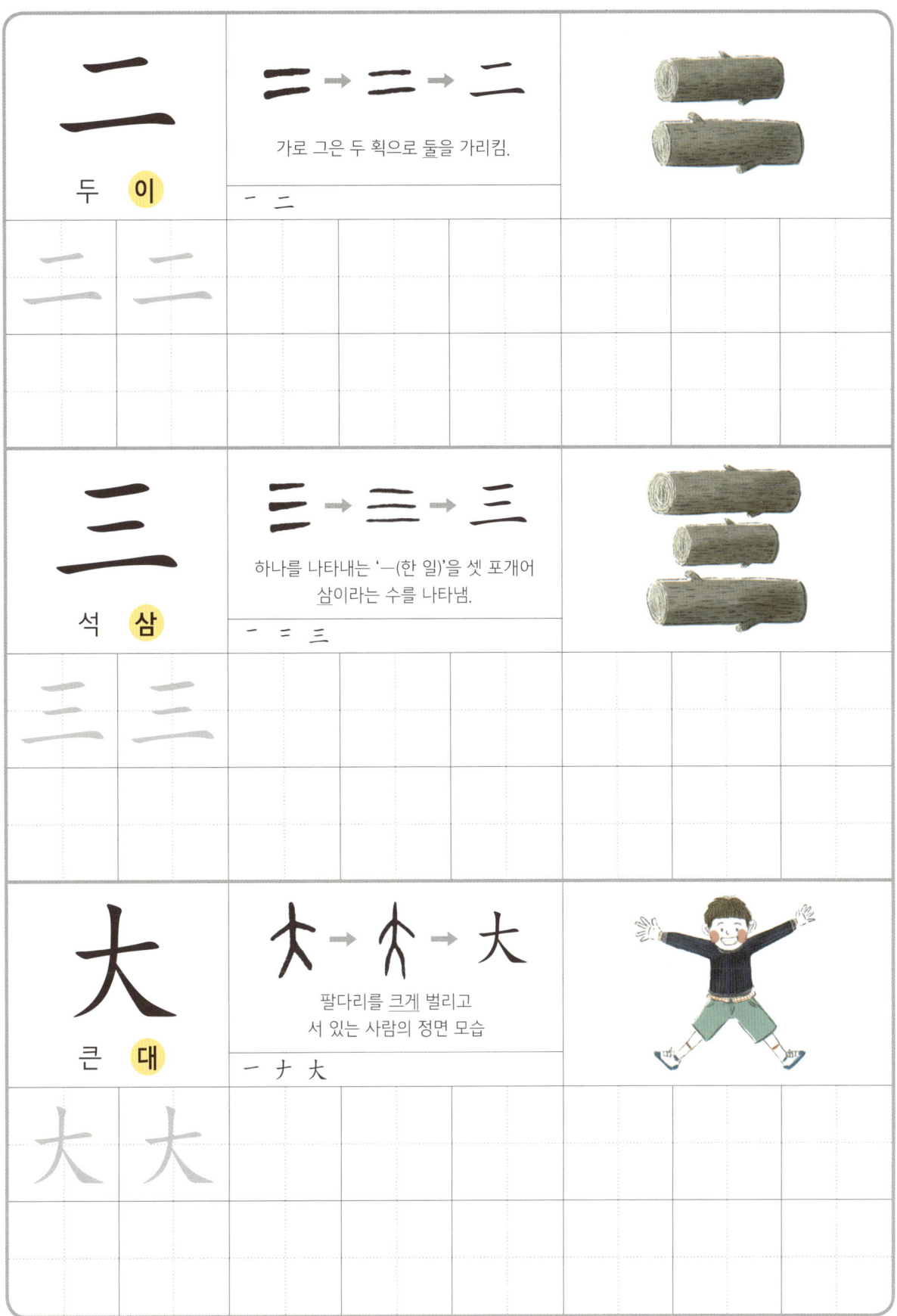

2 이 세상 모든 물건의 수 I

이야기 속의 한자

● **이성계의 꿈 – 세 개의 서까래를 몸에 걸치다**

조선의 첫 번째 왕은 이성계(李成桂, 1335~1408)이다. 그는 왕이 되기 전 고려의 장군이었는데 북으로는 여진족, 남으로는 왜구와의 전투에 참여해 공을 세우며 이름을 떨쳤다. 당시 고려 왕실은 기울어 가는 원나라와 새로 떠오르는 명나라 사이에서 시달리며 힘을 잃어 가고 있었다.

어느 날 이성계는 이리 뛰고 저리 뛰느라 피곤한 끝에 잠에 빠져들었다. 이성계는 무너져 가는 집에서 서까래 세 개를 지고 나온 꿈을 꾸었다. 서까래란 지붕을 받치는 나무이다.

그는 덕이 높은 어느 스님에게 꿈 이야기를 하고 꿈풀이를 부탁했다. 그 스님은 주위를 둘러보더니 소곤거리듯 말했다.

"장군이 왕이 될 꿈이오."

"예, 뭐라고요?"

"사람이 작대기[ㅣ] 모양을 하고 있는데, 서까래 세[三] 개를 이고 나왔으니 왕(王)의 글자 모양이 되지 않겠소?"

이 말처럼 뒷날 이성계는 왕이 되었고, 그 자리에 절을 세웠다. 그 절은 함흥의 석왕사(釋王寺)인데, 석(釋)은 '풀다, 설명하다'는 뜻이니 왕이라는 글자를 풀이해 지었다는 뜻을 지니고 있다.

그 스님은 이런 말도 해 주었을 것 같다.

"왕(王)이란 하늘[一]과 사람[一]과 땅[一], 곧 나라를 지탱하는 세[三] 개의 서까래를 잘 이어 주는['ㅣ' 꿰뚫을 곤] 사람이오. 나라가 무너지지 않게 정치를 잘하시오."

● 王 : 임금 왕

3 하늘에 있는 해와 달

우리는 자연과 함께 살아간다. 하늘[天]에 떠 있는 해[日]와 달[月]과 별[星], 산(山)에 흐르는 시냇물[川], 그 시냇물이 오랜 길을 흘러 흘러 도달하는 바다[海]. 하늘[天]의 해[日]와 달[月]은 때로는 눈부신 빛으로 우리를 밝혀 주고, 때로는 따뜻한 빛으로 우리를 감싼다. 산(山)은 품고 있던 물방울을 시내[川]로 흘러들게 하고, 시내는 서로 모이고 모여 드넓은 바다[海]로 간다.

배울 한자: 日, 月, 天, 山, 川, 田

日	○ → 日 → 日	☀
해·날 **일**	태양의 모양	
	ㅣ ㄱ 日 日	
日 日		

○ 한자는 어떻게 만들어졌을까? - 첫 번째 이야기

한자는 5000년 전 중국의 창힐이란 사람이 새나 짐승의 발자국 모양을 보고 만든 것이 최초라고 전하며, 오랜 세월에 걸쳐 많은 사람에 의해 오늘날의 한자로 완성되었다. 이러한 한자가 만들어진 가장 기초적인 방법은 사물의 모양을 본뜬 것이다.

산을 한자로 나타낼 때 처음에는 산 모양(⛰)을 그렸으나, 그 모양이 변해서 오늘의 뫼 산(山) 자가 되었다. 사람[人:인], 해[日:일], 달[月:월], 나무[木:목] 등 우리 눈으로 볼 수 있는 자연물은 모두 그 모양을 본떠서 한자로 나타냈다. 이렇게 만들어진 한자를 '상형자'라고 한다.

모양이 있는 것은 모양을 본떠서 한자를 만들었으나, 모양이 없는 생각이나 뜻은 한자로 나타내기가 불가능했다. 그래서 이용한 것이 점(·)과 선(-) 같은 기호이다. 이렇게 점이나 선을 이용해 만들어진 한자를 '지사자'라고 한다.

예를 들어 물고기 세 마리를 나타낼 때, 물고기 모양(🐟)을 그렸다면 상형자가 되겠지만, 세 마리라는 생각에서 선을 세 개[三:삼] 그었다면 지사자가 되는 것이다.

위를 나타낼 때는 선을 긋고 위에 점을 찍었으며(上), 아래를 나타낼 때는 선을 긋고 아래에 점을 찍었다(下). 또한 하나[一], 둘[二], 셋[三]을 나타내는 한자도 이러한 원리에 의해 만들어졌다.

4 지구의 이웃 별들

하늘에서 빛나는 아름다운 별들이 지구로 떨어지면 그저 돌이거나 쇠붙이이다. 밤하늘에서 빛날 때 별은 길잡이가 되고 그리움이 되는 것이다. 지구에서 가장 가까운 별은 **화**(火)성이다. **수**(水)성, **목**(木)성, **금**(金)성, **토**(土)성 등의 별도 가까이서 태양을 중심으로 도는 우리의 이웃 별들이다. 이 별들에 왜 화, 수, 목, 금, 토라는 이름을 붙였을까? 예부터 동양에서는 불, 물, 나무, 쇠, 흙을 중요한 다섯 원소로 여겼기 때문이다.

배울 한자: 土, 木, 水, 火, 金, 石

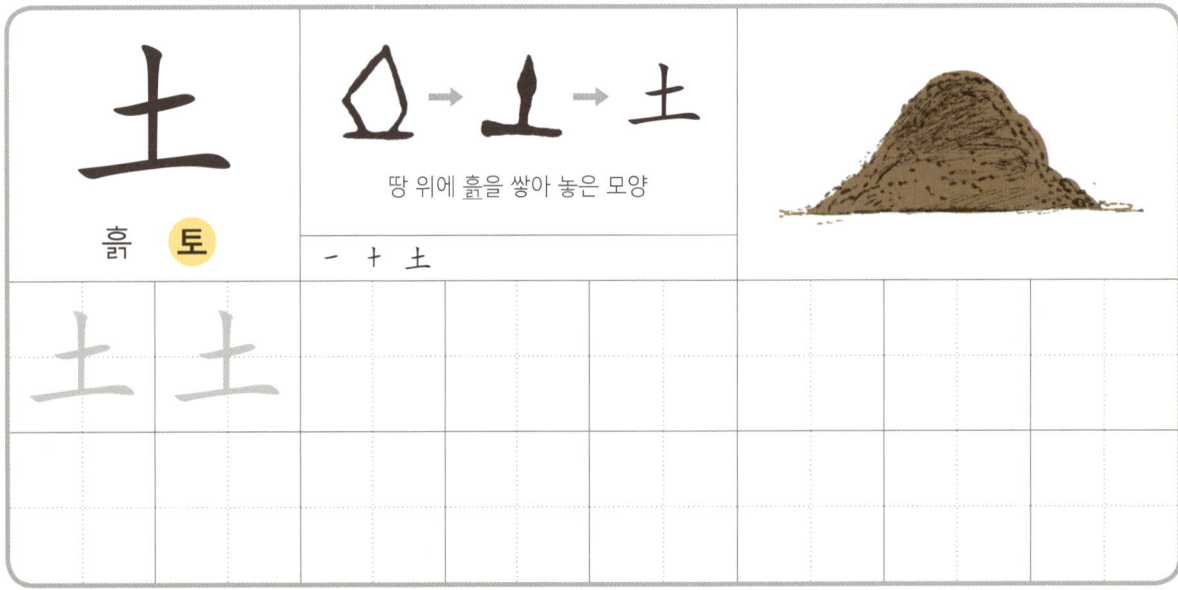

흙 토

땅 위에 흙을 쌓아 놓은 모양

一 十 土

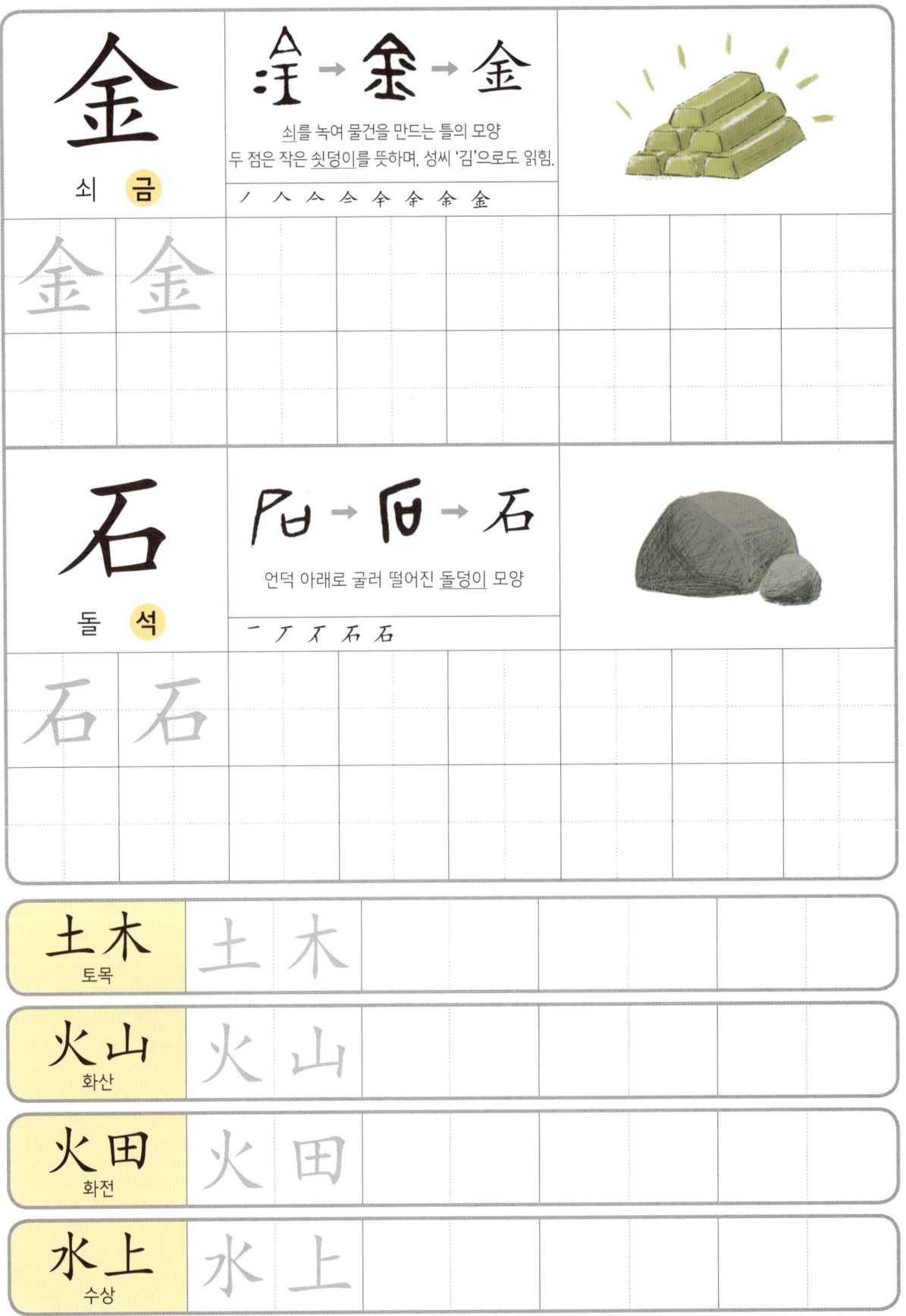

金 쇠 금	쇠를 녹여 물건을 만드는 틀의 모양 두 점은 작은 쇳덩이를 뜻하며, 성씨 '김'으로도 읽힘. ノ 人 人 今 全 全 余 金	
金 金		

石 돌 석	언덕 아래로 굴러 떨어진 돌덩이 모양 一 ア 丆 石 石	
石 石		

土木 토목	土 木
火山 화산	火 山
火田 화전	火 田
水上 수상	水 上

이야기 속의 한자

○ 목석 같은 사람

중국 진나라 때 하통이라는 사람이 있었다. 그는 학식이 높고 재주가 많으며 덕이 뛰어난 인물이었다. 벼슬을 권하는 사람도 많았지만 하통은 출세에는 관심이 없었다.

어느 봄날, 높은 벼슬아치인 가충이 배를 띄우고 놀다가 하통을 만났다. 가충은 하통의 인물 됨됨이와 높은 재주를 알아보고 그에게 벼슬을 권했다.

"나는 벼슬하지 않겠다는 결심이 선 지 오래이며, 권력을 다투고 이익을 빼앗는 일에 흥미가 없네."

가충은 하통을 설득하기 위해 온갖 수단과 방법을 동원했다. 많은 군대를 세워 놓고 사열하도록 한 뒤 경례를 받게 했으나 하통은 관심이 없었다. 아름다운 여자들로 하여금 그를 유혹하게 했으나 역시 마음이 흔들리지 않았고 많은 재물로도 설득했으나 차돌 같은 마음은 변함이 없었다. 가충은 어떤 방법으로도 그의 마음을 돌릴 수가 없었다.

"하통은 정말 목석 같은 사람이로군."

그는 그렇게 중얼거렸다.

○ **木石 목석** 木:나무 목, 石:돌 석
나무나 돌과 같이 감정이 없는 사람 또는 의지가 굳어 흔들리지 않는 사람에 비유함.

5 나를 낳아 주신 부모님

내 삶의 **주인**[主]은 나지만 **아버지**[父]와 **어머니**[母]가 계시기에 내가 세상에 태어났다. **출생**(出生)한 나도 언젠가는 부모가 되어 **자녀**(子女)를 낳고 한 가정을 이루겠지.

배울 한자: 父, 母, 入, 出, 生, 主

父 아버지 부

손에 도끼(지휘자의 상징)를 들고 있는 모습으로 권위 있는 아버지를 뜻함.

ノ ハ グ 父

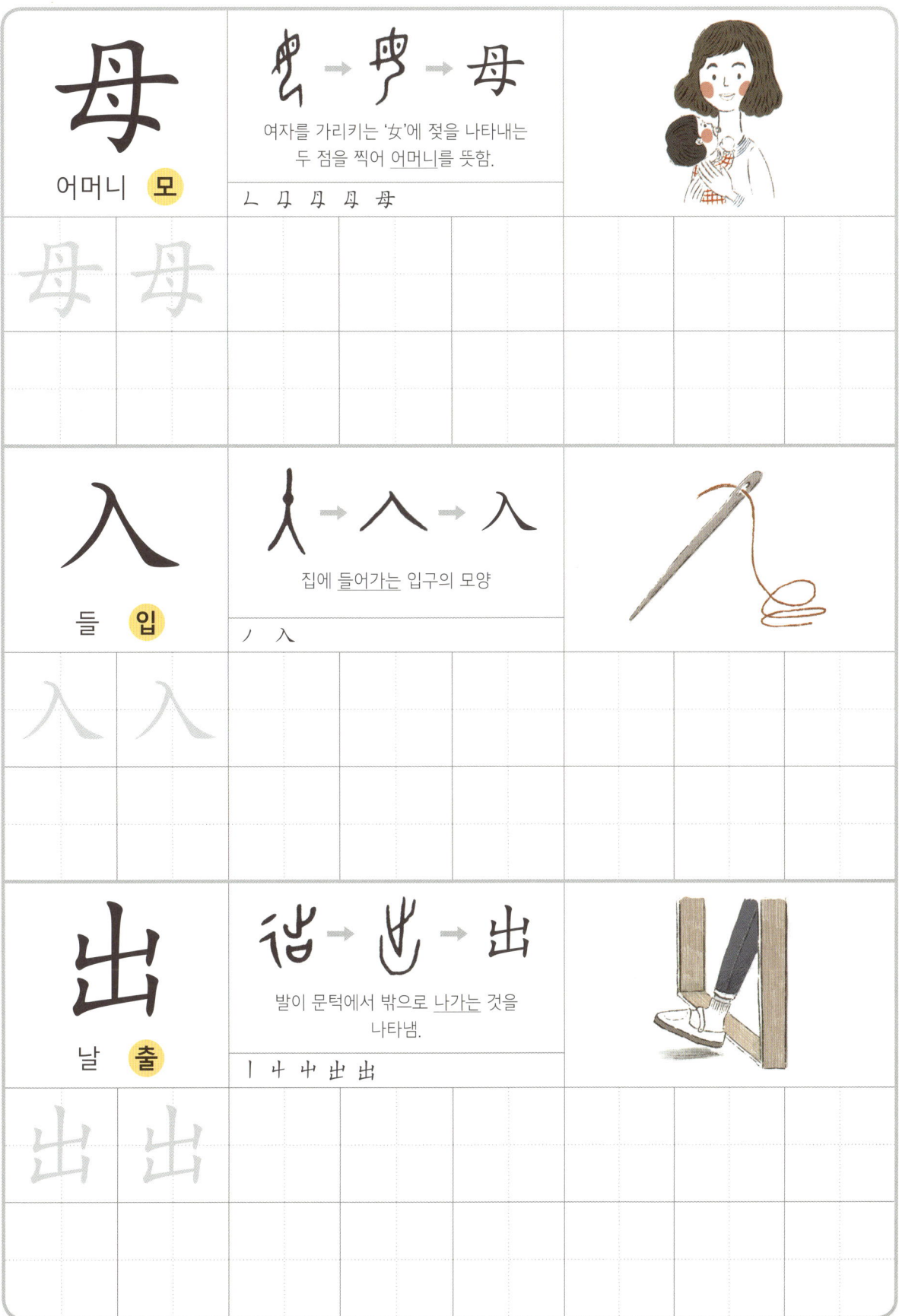

- **한자를 쓰는 기본 원칙**

  한자는 획이 복잡해서 자칫 모양이 이상하게 되기 쉽다. 획 모양과 순서를 바르게 익히면 정확하게 한자를 쓸 수 있다. 한자를 쓰는 기본 원칙 몇 가지를 알아보자.

  1. 위에서 아래로 쓴다.
     三 : 一 → 二 → 三

  2. 왼쪽에서 오른쪽으로 쓴다.
     川 : ノ → ノ｜ → 川

  3. 가로획을 먼저 쓴다.
     木 : 一 → 十 → 木 → 木

  4. 좌우가 대칭될 때는 가운데를 먼저 쓴다.
     水 : 亅 → 水 → 水 → 水

  5. 꿰뚫는 획은 나중에 쓴다.
     中 : 口 → 口 → 中 → 中
     女 : 〈 → 女 → 女

  6. 삐침을 먼저 쓰고 파임은 나중에 쓴다.
     人 : ノ → 人

  7. 밖에서 안으로 쓴다.
     月 : ノ → 刀 → 月 → 月

연습 문제

1. 다음 모양이 변해서 만들어진 한자를 써 봅시다.

① [그림] → (　　)　　② [그림] → (　　)
③ [그림] → (　　)　　④ [그림] → (　　)
⑤ [그림] → (　　)　　⑥ [그림] → (　　)

2. 다음 한자는 무엇을 보고 만든 것입니까?

① 木 : (　　)　　② 月 : (　　)
③ 石 : (　　)　　④ 人 : (　　)
⑤ 田 : (　　)　　⑥ 金 : (　　)

3. 왼쪽의 그림과 관련이 있는 오른쪽의 한자를 연결시켜 봅시다.

① [그림]　　•　　•　㈎　下
② [그림]　　•　　•　㈏　水
③ [그림]　　•　　•　㈐　大
④ [그림]　　•　　•　㈑　上
⑤ [그림]　　•　　•　㈒　火
⑥ [그림]　　•　　•　㈓　小

4. 다음 한자어의 음을 써 봅시다.

① 主人 :　　　　② 木石 :
③ 生日 :　　　　④ 出入 :
⑤ 母女 :　　　　⑥ 山川 :

○ 다음 낱말 잇기의 빈 칸을 한자로 채워 봅시다.

세로 열쇠

2. 출입(들어오고 나감)
4. 모녀(어머니와 딸)
7. 자녀(아들과 딸)
8. 인생(사람의 목숨)
9. 상중하(위와 가운데와 아래)
13. 주인(한 집안의 주가 되는 사람)

가로 열쇠

1. 일출(해가 뜸) **3.** 부모(아버지와 어머니) **5.** 입산(산에 들어감) **6.** 여자
10. 생일(태어난 날) **11.** 중립(어느 쪽으로도 치우치지 않고 공정함) **12.** 천하(하늘 아래 온 세상)
14. 산천(산과 내) **15.** 대인(성인, 어른)

연습 문제 정답
1. ①子 ②山 ③人 ④川 ⑤日 ⑥主   2. ①나무 ②달 ③돌 ④사람 ⑤밭 ⑥쇠
3. ①㉠ ②㉥ ③㉢ ④㉤ ⑤㉣ ⑥㉦   4. ①주인 ②목석 ③생일 ④출입 ⑤모녀 ⑥산천

1日	2出		3父	4母	
	5入	山		6女	7子
8人			9上		女
10生	日		11中	立	
		12天	下		13主
14山	川			15大	人

6 올곧은 마음으로 사는 사람

입[口]으로 칭찬을 말하고, **눈**[目]으로 아름다운 것을 보고, **귀**[耳]로 남의 그릇된 점을 듣지 않고, **손**[手]으로 착한 일을 하며, 마땅히 가야 할 곳에 **발**[足]이 가는 사람, 올곧은 **마음**[心]으로 살아가는 사람이 되고 싶다.

배울 한자: 口, 心, 手, 耳, 目, 足

口 입 구	ㅂ → ㅁ → 口 입의 모양 ㅣㄇ口	
口 口		

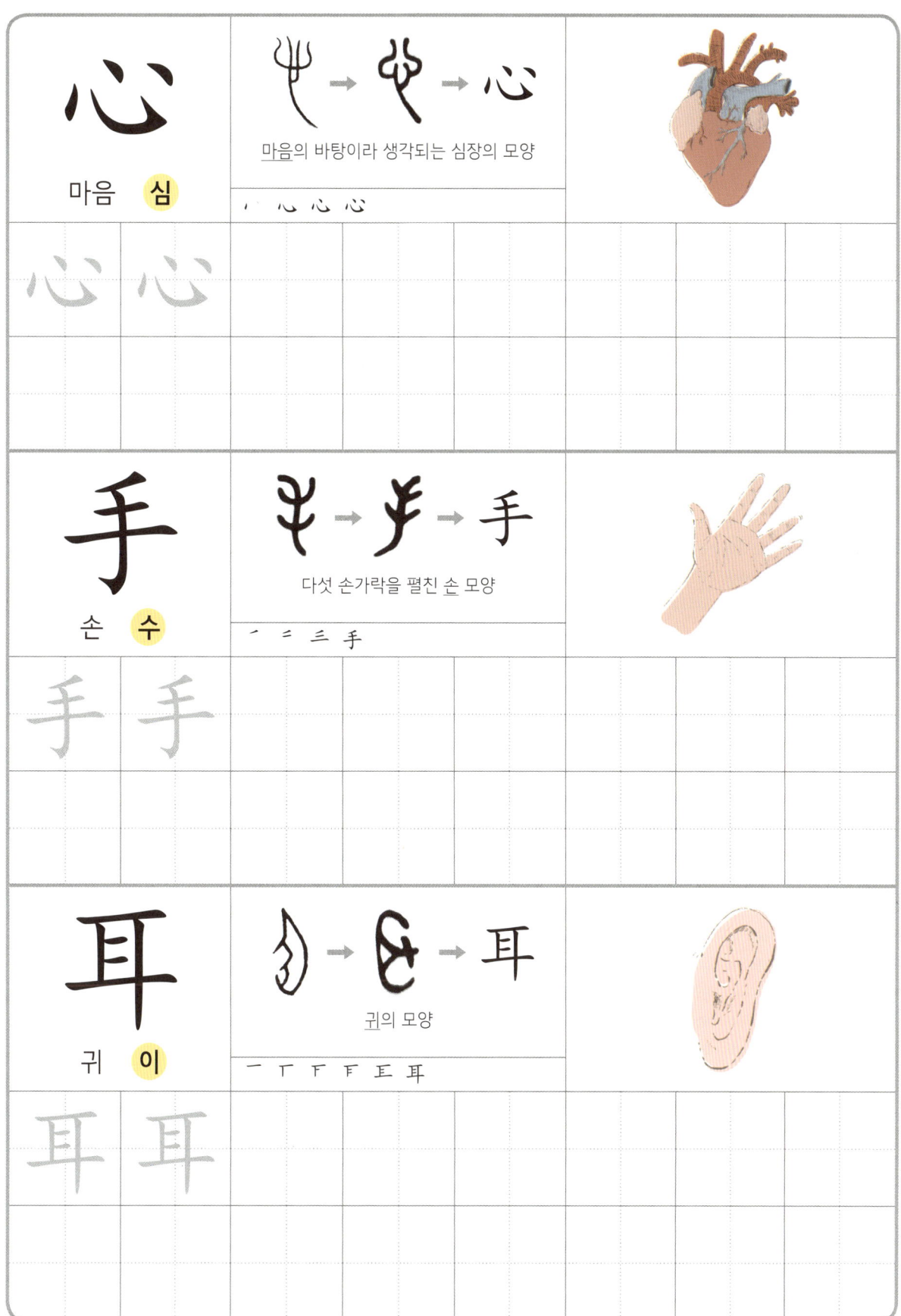

6 올곧은 마음으로 사는 사람

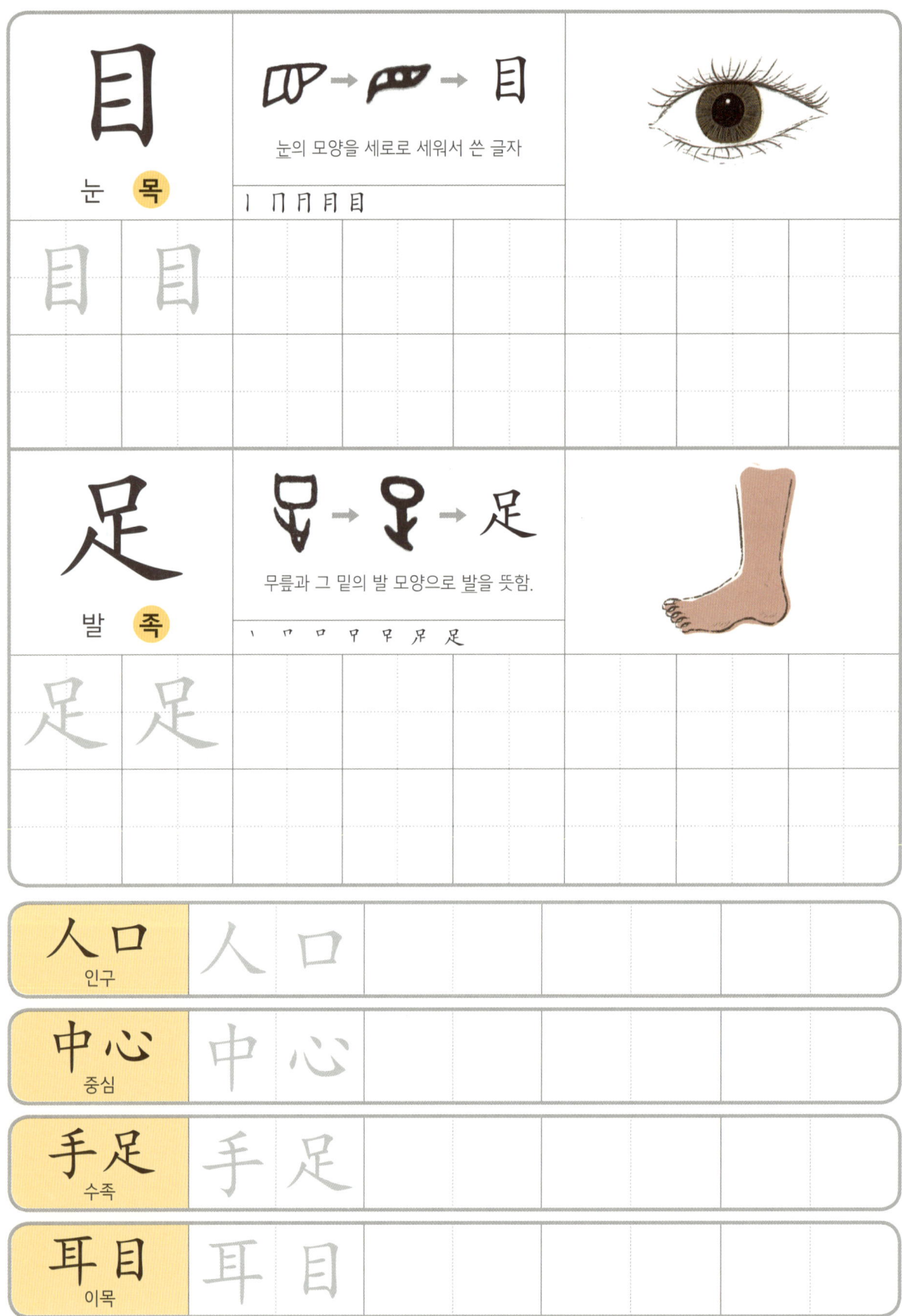

이야기 속의 한자

○ 뱀의 발을 그리다

어떤 집에서 제사를 지내고 난 뒤 주인(主人)이 집안의 일 보는 사람들에게 술 한 항아리를 내려 주었다. 여러 사람이 목젖을 꼴깍거리며 술의 양을 보니 나눠 마시기에 모자랄 것 같았다. 그때 한 사람이 제안을 했다.

"우리 뱀 그리기 내기를 해서 먼저 완성하는 사람이 술을 혼자 다 마시기로 하자."

모든 사람이 동의하여 뱀을 그리기 시작했다. 어떤 사람이 술 항아리를 끌어안으며 말했다.

"나는 뱀의 발[蛇足]도 그릴 수 있다."

그가 뽐내며 뱀의 발을 그리는 동안 다른 한 사람이 뱀 그림을 먼저 완성하고 나서 항아리를 빼앗으며 말했다.

"뱀은 본래 발이 없다, 이 녀석아. 너는 괜히 발을 그리느라 법석이구나."

쓸데없이 사족을 덧붙이다가 술만 빼앗기게 되었다.

○ **蛇足 사족** 蛇:뱀 사, 足:발 족
뱀의 발이란 뜻으로 쓸데없는 짓을 덧붙여 일을 벌이다가 실패할 때 씀.

7 말과 행동은 일치해야 한다

입은 말의 **문**(門)이다. 함부로 말하는 사람의 입은 재앙을 불러들이는 문이라고 일컫는다. 좋은 말을 했으면 그것을 **행**(行)해야 한다. 그것이 우리가 힘써 **공**(工)부해야 할 **방**(方)향이다. **하얀**[白] 눈처럼 거짓 없이 말하고 **대나무**[竹]처럼 곧게 행하며 살아가자.

배울 한자: 行, 門, 工, 方, 白, 竹

行 다닐 행

사거리, 교차로의 큰길 모양으로 많은 사람이 다니는 것을 뜻함.

丿 亻 彳 彳 行 行

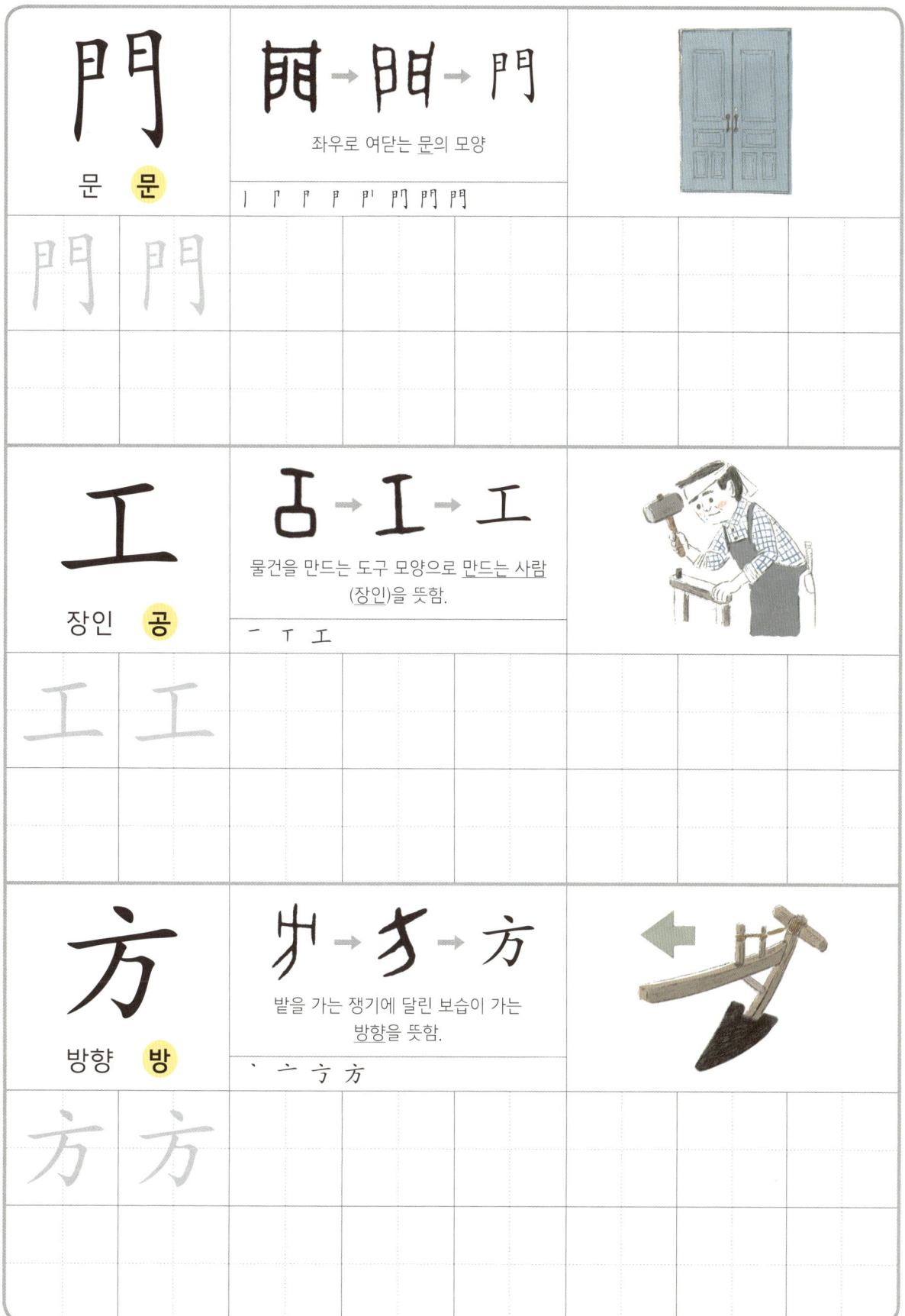

이야기 속의 한자

● **돼지를 잡아 약속을 지키다**

　공자의 제자 중 증자라는 사람이 있었다. 어느 날, 증자의 아내가 시장에 가려고 나서자 아이가 같이 가고 싶어 울면서 따라 나왔다. 증자의 아내가 아이를 달래며 말했다.

　"시장에 다녀와서 돼지를 잡아 맛있는 고기를 해 줄 테니 집에 있거라."

　시장에서 돌아온 증자의 아내는 깜짝 놀랐다. 증자가 돼지를 잡고 있는 거였다.

　"아이를 달래느라 한 말인데 왜 돼지를 잡으십니까?"

　증자는 아내에게 말했다.

　"아이들에게 실행 못 할 말을 해서는 아니 되오. 아이들에게 거짓말을 하면 그 애들이 거짓말하는 법을 부모에게서 배우게 될 것 아니오? 또한 거짓말인 줄 알면 앞으로 어머니인 당신마저 믿으려 하지 않을 거요."

　말을 마친 증자는 돼지를 잡아서 아이에게 맛있는 고기를 먹였다.

● **言行一致 언행일치** 　言:말씀 언, 行:행할 행, 一:한 일, 致:이를 치
　말과 행동이 하나로 들어맞음. 또는 말한 대로 실행함.

8 날아다니는 새와 땅 위의 짐승

1만 3000년~1만 5000년 전쯤 야생의 늑대를 개[犬]로 길들인 인간들은 차차 소[牛], 말[馬], 양[羊], 닭 들을 길렀다. 가축들은 일손을 돕고, 먹을거리를 제공해 주었다. 애완용 개와 새, 물고기 들은 인간을 위로해 주기도 한다. 날아다니는 새[鳥]와 땅에서 달리는 짐승, 강과 바다의 물고기[魚]. 세상의 동물들과 인간은 어떤 관계를 맺으며 살아야 할까?

배울 한자: 牛, 羊, 犬, 馬, 魚, 鳥

牛 소 우

소를 정면에서 본 모양

丿 ㄇ ㅡ 牛

이야기 속의 한자

○ 물고기와 물처럼 떨어질 수 없는 사이

옛날 중국 촉한 남양 땅에 학식이 높은 제갈공명이 한가로이 살고 있었다. 유비는 제갈공명의 소문을 듣고 세 번이나 찾아간 끝에 그를 모시고 올 수 있었다.

유비는 제갈공명의 지혜에 감탄해서 그를 군대의 참모로 삼고 항상 함께 지내며 섬겼다. 유비와 복숭아나무 아래서 형제의 의를 맺은 관우와 장비는 유비가 제갈공명을 극진히 여기는 것이 못마땅했다.

"아니, 형님은 죽음을 함께하기로 맹세한 우리보다 왜 그를 더 가까이 하시오? 그깟 젊은 선비가 뭐 훌륭하다고 그렇게 떠받드십니까?"

그러자 유비는 그들을 꾸짖으며 이렇게 말했다.

"나와 공명(孔明)은 물고기와 물의 관계와 같다. 물고기에게 물이 없다면 어떻게 되겠는가? 앞으로는 이러쿵저러쿵하지 말고, 너희도 잘 받들어 모셔야 한다."

○ **水魚之交 수어지교** 水:물 수, 魚:물고기 어, 之:어조사 지(~의), 交:사귈 교
물과 물고기의 관계처럼 아주 친밀해서 떨어질래야 떨어질 수 없는 사이.

9 사람이 나무에 기대면
- 새로운 한자 만들기 I

들판에서 일하다 지친 **사람**[亻]이 **나무**[木]에 기대어 휴식을 취한다. 亻 + 木 = 休
나무[木]와 **나무**[木]가 모이면 수풀이 된다. 木 + 木 = 林
사람[亻]은 자기가 **설**[立] 자리에 선다. 亻 + 立 = 位
재목을 고르기 위해 **나무**[木]를 **살펴본다**[目]. 나무와 눈이 서로 바라본다. 木 + 目 = 相
여자[女]가 **자식**[子]을 안고 있을 때 행복하고 좋은 감정이 가득할 것이다. 女 + 子 = 好
문(門)이 조금 열려 사이가 벌어지면 **해**[日]가 비쳐 든다. 門 + 日 = 間

배울 한자: 休, 位, 林, 相, 好, 間

| 休 쉴 휴 | 人 (사람 인) + 木 (나무 목)
 사람이 나무 그늘에서 쉬고 있음.
 丿 亻 仁 什 休 休 | |

9 사람이 나무에 기대면

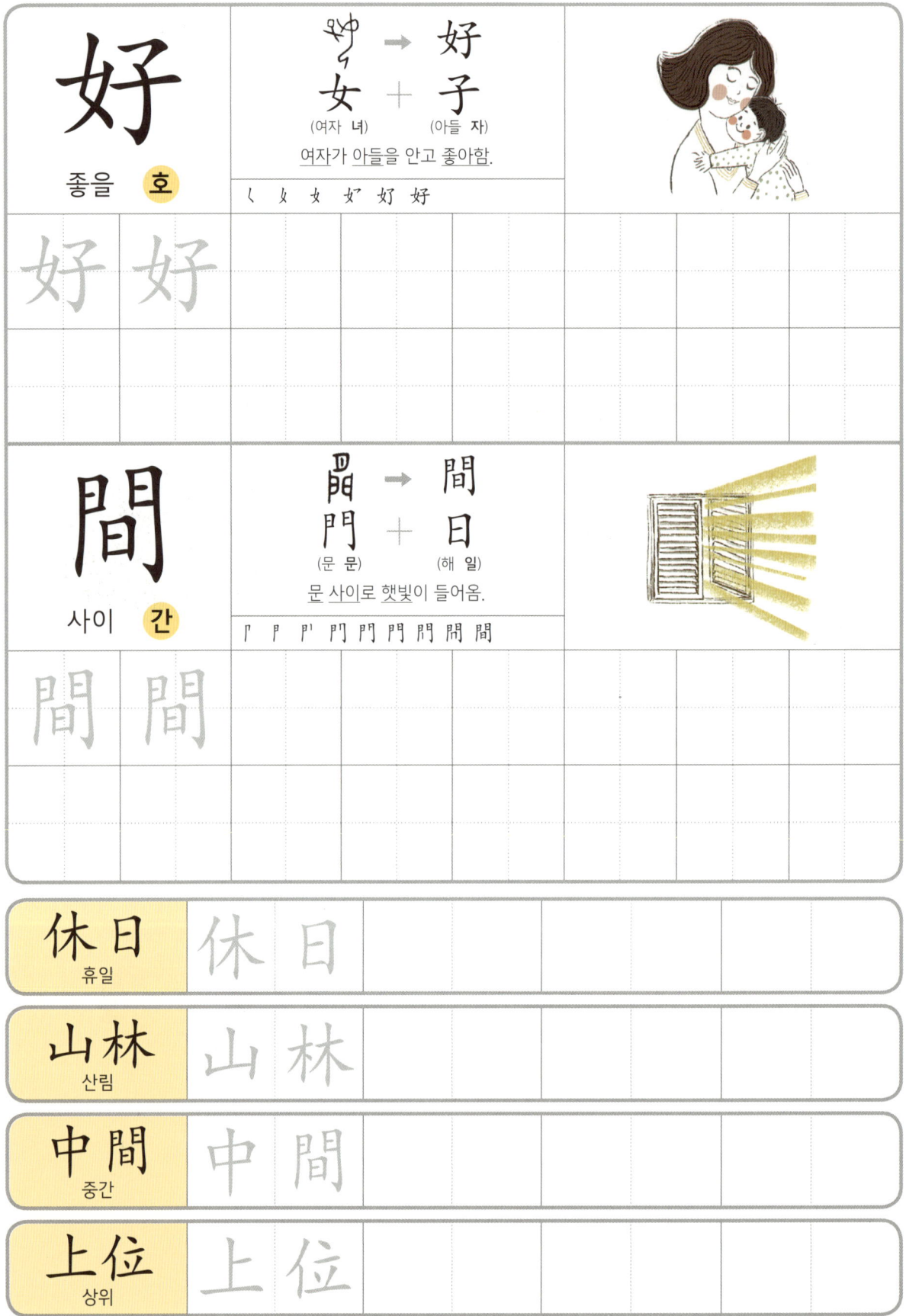

이야기 속의 한자

○ **보아도 보지 못하다**

　문장이라는 사람이 어려서 공부할 때의 일이다.

　문장은 명절이 다가오자 명절 때 있을 여러 가지 재미있는 일들을 생각하고 있었다. 그러다 보니 공부 시간에도 글에는 마음이 쏠리지 않았다. 그저 즐거운 놀이나 맛있는 음식 먹는 일을 마음속으로 생각했다.

　훈장은 한 사람 한 사람에게 자기가 가르친 글을 알고 있는지 묻는 일이 가끔 있었다. 이날도 종이에 큰 글자를 하나 써서 아이들에게 보였다. 쉴 휴(休) 자였다.

　훈장은 글자를 크게 쓴 종이를 감추고 문장 앞에 가서 방금 가르친 글자를 써 보라고 했다. 그러나 문장은 손에 붓을 든 채 움직일 줄을 몰랐다. 잘 모르겠다는 거였다.

　"아니, 지금 막 내가 큰 종이에다 써서 보여 준 것을 보지 않았느냐?" 하고 훈장이 묻자, 문장은 못 보았다며 고개를 흔들었다. 훈장은 화를 내면서 말했다.

　"거짓말하지 마라. 내가 지금 이 종이에 쓴 글자를 보일 때 너도 다른 아이들과 같이 이쪽을 보았는데."

　못 보았다고 대답한 문장이 억울하다는 듯이 흐느껴 울고 있는 것을 물끄러미 바라보던 훈장은 무언가 깨달은 바가 있었다.

　"너는 글자를 보고는 있었으나 딴생각을 하고 있었으니 글자가 보이지 않았던 모양이다. 그러나 눈만 돌리고 마음을 딴 데 파는 것은 공부하는 사람으로서 있을 수 없는 일이다. 그것은 마치 마음이 없는 인형과 같다."

　문장은 이를 계기로 공부할 때 정신을 다른 데 파는 일이 없었다.

○ 休 : 쉴 휴

10 별은 어떻게 만들어질까
- 새로운 한자 만들기 Ⅱ

우주 속에서 기체와 티끌들이 모여 점점 커지고, 단단해지고, 온도가 높아지다가 하나의 **별**[星]이 태어난다. 뜨겁게 빛나는 **해**[日]와 같은 것이 **생겨나는**[生] 것이다. 별 성(星)에서 '生'은 발음을 도와주는 역할을 하지만 태어난다는 뜻으로 헤아려 봐도 재미있을 것 같다. 이미 만들어진 음과 뜻을 합해서 이루어진 한자를 알아보자.

一 + 白 = 百   氵(水) + 工 = 江   亻(人) + 主 = 住
日 + 生 = 星   中 + 心 = 忠   亻(人) + 山 = 仙

배울 한자: 百, 星, 江, 忠, 住, 仙

百 일백 **백**	百 → 百 一 + 白 (하나 일) (흰 백) 엄지손가락 하나를 세워 백을 나타냄. 一 丆 丆 百 百 百	
百 百		

10 별은 어떻게 만들어질까

알아 두면 좋아요!

○ **한자는 어떻게 만들어졌을까? - 두 번째 이야기**

인류의 문명이 점점 발달되어 많은 사물과 생각이 생겨남에 따라 상형자(모양을 본떠 만든 한자)와 지사자(모양이 없는 것을 점이나 선으로 나타낸 한자)만으로 모든 것을 다 적을 수는 없었다. 그래서 사람들은 아래와 같은 두 가지 방법으로 새로운 한자를 많이 만들었다.

1. **이미 만들어진 뜻 부분과 뜻 부분을 합쳐서 만든 한자(회의자)**

   나무[木:목]를 둘 합쳐서 숲[林:림]이란 뜻의 한자를 만들고, 사람[人:인]과 나무[木:목]를 합쳐서 사람이 나무 그늘에서 쉬다[休:휴]는 뜻의 한자를 만들었다. 그 밖에도 다음과 같은 방법으로 수많은 한자가 만들어졌다.

   문[門:문] + 해[日:일] = 사이[間:간]
   사람[人:인] + 서 있음[立:립] = 자리[位:위]

2. **이미 만들어진 뜻 부분과 음 부분을 합쳐서 만든 한자(형성자)**

   '머무를 주(住)' 자는 사람[人:인]과 관계가 있으므로 사람[人:인]이라는 한자 옆에 음을 나타내는 주[主:주인]라는 한자를 덧붙인 것으로, 뜻 부분과 음 부분이 합쳐져 만들어졌다. 이 음 부분은 원래의 음에서 조금씩 변하기도 한다.
   그 밖에도 다음과 같은 수많은 한자가 만들어졌다.

   신선[人:사람] + 산(山→선) = 신선 선(仙)
   물[水→氵:물] + 공(工→강) = 물 강(江)

   둘 이상 합쳐진 한자를 나누어 보면 거의 뜻 부분과 뜻 부분, 음 부분과 뜻 부분으로 분리된다.

연습 문제

1. 다음 모양이 변해서 만들어진 한자를 써 봅시다.

① [그림] → (　　　)   ② [그림] → (　　　)

③ [그림] → (　　　)   ④ [그림] → (　　　)

2. 다음 한자는 무엇을 보고 만든 것입니까?

① 門 : (　　　)   ② 犬 : (　　　)

③ 耳 : (　　　)   ④ 口 : (　　　)

3. 아래의 한자를 합해서 새로운 한자를 만들고, 새로운 한자의 음과 뜻을 써 봅시다.

　　　　　　　한자　뜻　음　　　　　　　　　한자　뜻　음

① 人 + 立 = (　　:　　:　　)   ② 一 + 白 = (　　:　　:　　)

③ 木 + 目 = (　　:　　:　　)   ④ 中 + 心 = (　　:　　:　　)

⑤ 人 + 山 = (　　:　　:　　)   ⑥ 日 + 生 = (　　:　　:　　)

4. 다음 ( ) 안에 알맞은 한자를 넣어 새로운 한자를 만들어 봅시다.

① 사람(　　)이 나무(　　) 그늘에서 쉬고 있는 모습에서 **쉴 휴**(　　) 자가 만들어짐.

② 나무(　　)와 나무(　　)가 많이 심겨진 모습에서 **수풀 림**(　　) 자가 만들어짐.

5. 다음 한자어의 음을 써 봅시다.

① 人魚 :　　　　　　② 大門 :

③ 耳目 :　　　　　　④ 入住 :

○ 다음 낱말 잇기의 빈 칸을 한자로 채워 봅시다.

● 세로 열쇠 ●

1. 월출(달이 뜸)
2. 대문(집의 정문)
3. 휴일(쉬는 날)
4. 산림(산에 있는 숲)
6. 입구(들어가는 어귀)
7. 삼백(300)
8. 일석이조(한 가지 일로 두 가지 이득을 얻음)
9. 인간(사람)
10. 행방(간 방향)
12. 중심(사물의 한가운데)
14. 금성(태양계의 행성 중 하나)
15. 백마(흰 말)
17. 강산(강과 산)
19. 목수(나무로 여러 가지를 만드는 사람)

● 가로 열쇠 ●

2. 대소(크고 작음) 3. 휴화산(현재는 분화를 멈춘 산) 5. 출입문(들어오고 나가는 문)
7. 삼 일(사흘) 8. 일백(100) 11. 목석(나무와 돌같이 감정이 없는 사람에 비유)
12. 중간(두 사물의 사이) 13. 방위(어떠한 쪽의 위치) 15. 백조(고니, 해오라기)
16. 화성(태양계의 행성 중 하나) 18. 토목(건설 등의 공사) 20. 산수(산과 물, 경치)
21. 수족(손과 발)

연습 문제 정답

1. ① 目 ② 竹 ③ 魚 ④ 工   2. ① 문 ② 개 ③ 귀 ④ 입   3. ① 位, 자리, 위 ② 百, 일백, 백
③ 相, 서로, 상 ④ 忠, 충성, 충 ⑤ 仙, 신선, 선 ⑥ 星, 별, 성   4. ① 人, 木, 休 ② 木, 木, 林
5. ① 인어 ② 대문 ③ 이목 ④ 입주

¹月	²大	小		³休	⁴火	山
出	⁶入	門	⁷三	日		林
	口	⁸一	百		⁹人	
¹⁰行	¹¹木	石		¹²中	間	
¹³方	位	二		心		¹⁴金
	¹⁵白	鳥			¹⁶火	星
¹⁷江		馬	¹⁸土	木		
²⁰山	水			²¹手	足	

11 뜻이 반대되는 한자

어휘 중에는 서로 반대되는 뜻을 가진 한자를 사용해서 만들어진 낱말이 많다. 어머니와 아버지 사이, 즉 부부 사이를 **내외**(內外)라고 하는데 예전에 남자는 주로 바깥에서 일하고 여자는 집 안 살림을 하는 일이 많았기 때문에 만들어진 말일 것이다. **좌우**(左右)도 방향이 서로 반대이다. 찬성과 반대를 뜻하는 **가부**(可否), 일의 처음과 끝 또는 중요한 것과 그렇지 않은 것을 뜻하는 **본말**(本末)이라는 어휘도 있다. 이 말들이 어떨 때 쓰이는지 알아보자.

"아버지와 어머니는 내외(內外)간이야." "길 좌우(左右)에 늘어선 가로수를 봐."
"회의를 해서 가부(可否)를 결정하자." "일의 본말(本末)이 바뀌었네."

배울 한자: 內外, 左右, 可否, 本末

本 근본 본	나무의 뿌리 부분에 가로획을 그어 뿌리, 근본을 뜻함. 一 十 才 木 本	
本 本		

末 끝 말	나뭇가지 끝부분에 길게 선을 그어 끝, 말단을 뜻함. 一 二 丰 才 末	
末 末		

內外 내외 — 內 外

左右 좌우 — 左 右

可否 가부 — 可 否

本末 본말 — 本 末

內心 내심 — 內 心

外出 외출 — 外 出

알아 두면 좋아요!

○ 한자의 획 모양에는 어떤 것이 있을까?

점	왼점		오른점	
직선	가로긋기	小	내려긋기	示
	평갈고리	三	왼갈고리	川
		空		水
곡선	삐침	九	치침	江
	파임	八	받침	近
	굽은갈고리	子	지게다리	成
	누운지게다리	心	새가슴	兄

위에 나온 획들이 합해져 한자가 이루어진다. 이 획 모양을 잘 익히면 한자를 정확하게 쓰는 데 도움이 된다.

12 이 세상 모든 물건의 수 Ⅱ

일, 이, 삼, **사**(四), **오**(五), **육**(六), **칠**(七), **팔**(八), **구**(九), **십**(十), **백**(百), **천**(千), 만, 억……. 이 정도면 우리 주변에 있는 대부분의 것을 셀 수 있다. 이보다 더 큰 수도 있지만 우리가 10년 동안 1초에 하나씩 숫자를 헤아려 본다 해도 3억 1536만 정도밖에 셀 수 없다. 100년을 센다면 30억이 좀 넘는 수를 헤아릴 것이다.

배울 한자: 四, 五, 六, 七, 八, 九, 十, 千

四
넉 **사**

가로 그은 획을 네 개 포갠 것이 변해서 4를 나타냄.

一 冂 丗 四 四

五
다섯 **오**

두 줄의 끈이 서로 교차하는 모양이나 나중에 5의 뜻으로 쓰임.

一 丆 五 五

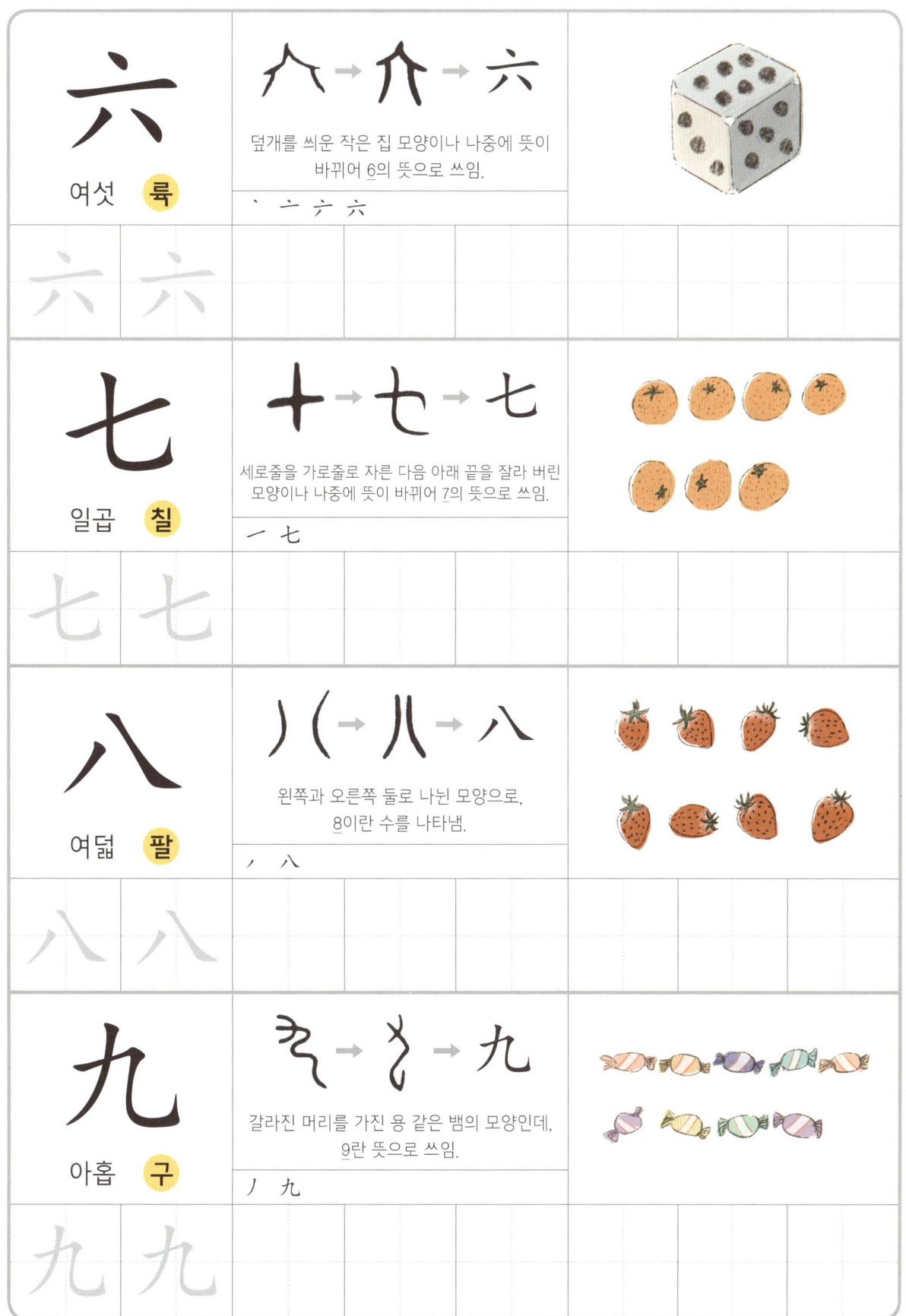

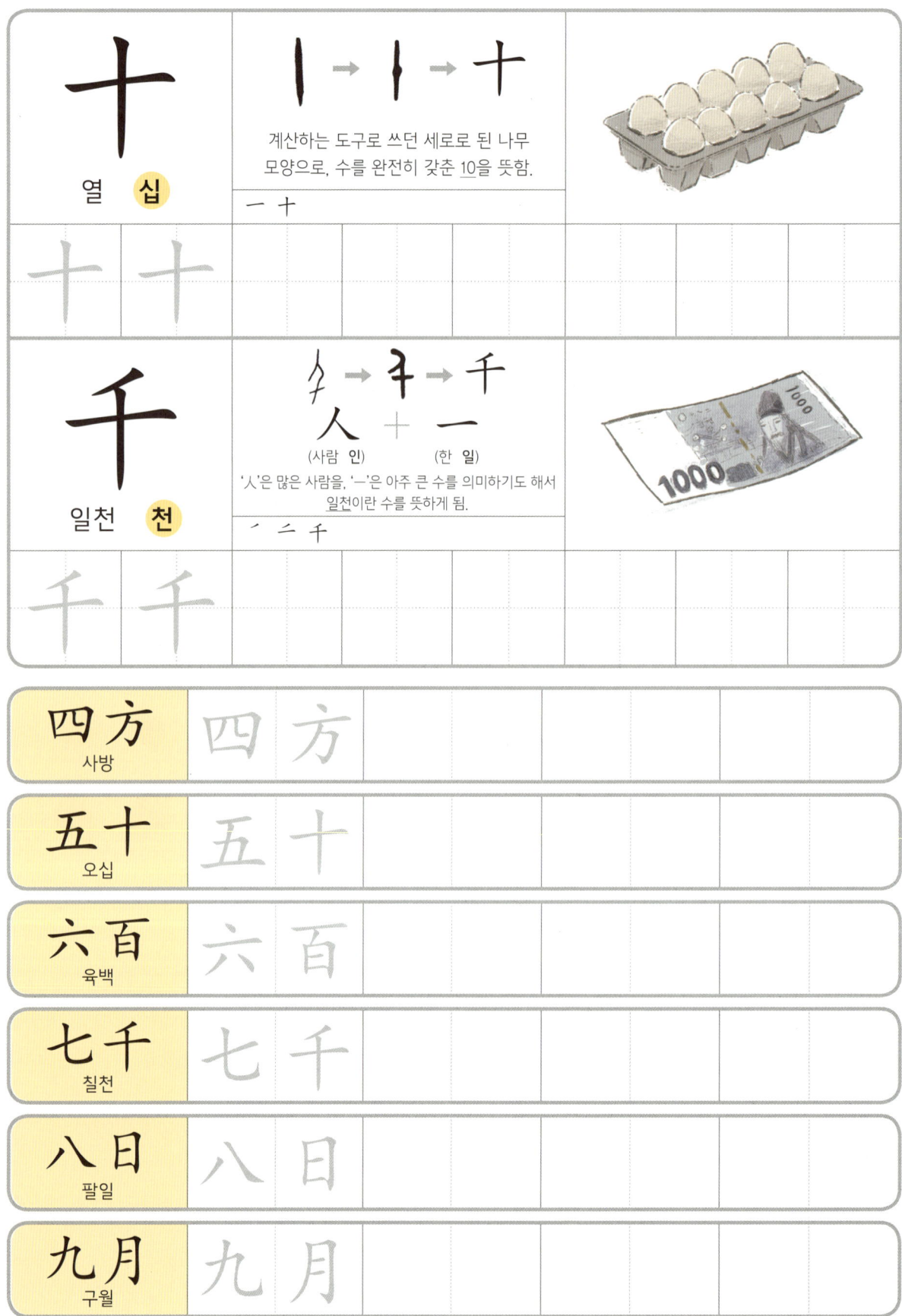

이야기 속의 한자

● 도망간 건 마찬가지인데

《맹자》에 나오는 이야기다.

둥둥 북이 울리며 전쟁이 시작되었다. 이때 두려움을 느낀 군졸 한 명이 도망을 쳤다. 그는 백 걸음쯤 도망을 치다가 멈췄다. 또 다른 군졸도 도망을 치다가 오십 걸음쯤 가서 멈췄다.

오십(五十) 걸음[步] 도망간 군졸이 백(百) 걸음 도망간 군졸을 가리키며 비웃었다.

"정말 비겁하고 겁이 많구나. 백 걸음이나 도망가다니."

맹자는 이 이야기를 듣던 왕에게 어떻게 생각하느냐고 물었다.

"오십 보건 백 보건 도망친 것은 마찬가지 아니오?"

왕이 대답했다.

오십 보와 백 보는 오십 걸음이라는 차이는 있으나, 싸우지도 않고 도망친 비겁함은 똑같다는 것이다.

맹자는 한 가지를 덧붙였다.

"그렇습니다. 백성을 위한 정치가 아니라면 백성에게 자비를 더 베푸느냐 덜 베푸느냐는 중요한 것이 아닙니다."

● **五十步百步 오십보백보** 五:다섯 오, 十:열 십, 步:걸음 보, 百:일백 백
조금 낫고 못한 차이는 있으나 본바탕은 비슷함.

13 공평하고 올바른 세상을 위하여

조선 시대 황희 정승은 너그러우면서도 엄격했고, **공**(公)과 **사**(私)의 구별을 **분명**(分明)히 하여 일을 **공정**(公正)하게 처리했다. 이는 사회의 구성원으로서, 지도자로서 우리가 가져야 할 올바른 자세이다.

배울 한자: 公私, 分明, 公正, 時代, 光明

公 공평할 공

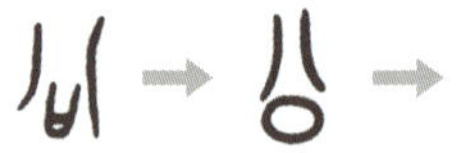

ㅂ → ㅇ → 公
八 + 厶
(여덟 팔) (사사로울 사)

사사로운[厶] 욕심을 버리고 공정하게 잘 나눔.

丿 八 公 公

私 사사로울 사

禾 + 厶
(벼 화) (사사로울 사)

벼[禾]를 수확하여 자신[厶]의 것으로 한다는 데서 사사롭다는 뜻이 됨.

一 二 千 禾 禾 私 私

代 대신·세대 **대**

人 (사람 인) + 弋 (주살 익)
사람이 화살을 교체하는 데서 대신하다, 세대를 뜻하게 됨.

ノ 亻 亻 代 代

光 빛 **광**

业(←火) (불 화) + 儿 (걷는 사람 인)
사람이 머리에 불을 이고 있어 빛나는 모습에서 빛을 뜻함.

丨 丨 丨 业 业 光

| 公私 공사 |
| 分明 분명 |
| 公正 공정 |
| 時代 시대 |
| 光明 광명 |
| 公立 공립 |

이야기 속의 한자

○ 파자 이야기 – 글자를 쪼개 보면서 뜻을 헤아린다

옛날 한양으로 과거를 보러 가던 어떤 선비가 파자점이라는 걸 보게 되었다. 점을 치는 노인이 선비에게 글자를 하나 고르라고 했더니, 선비는 '串(꿸 관, 꿸 천)' 자를 골랐다. 그러자 노인은 이렇게 말했다.

"위로도 적중(합격)하고[串↘中] 아래로도 적중하니[串↗中] 당신은 과거에 두 번 합격할 것이오."

그 후 그 선비는 정말 노인의 말대로 되었다.

또 다른 선비가 점치러 와서 또 '串' 자를 골랐다.

"당신은 왜 많은 글자 중에 하필이면 '串' 자를 마음[心]에 두고 있소[串+心=患, 근심 환]? 당신은 과거를 봐도 합격하지 못할 뿐 아니라 집안에 많은 근심이 생길 테니 얼른 집으로 돌아가 보시오."

노인의 말에 선비는 그 길로 곧장 집으로 돌아갔는데, 정말 집안에 크고 작은 근심거리가 많이 생겨 있었다.

같은 글자지만 그 사정이나 운수에 따라 해석이 달라질 수 있나 보다. 우리는 글자를 보며 어떤 해석을 하게 될까?

○ 破字 파자 破:깰 파, 字:글자 자
글자를 쪼개어 뜻을 헤아림.

14 남녀노소, 모든 사람들

세상에는 **많은**[多] 사람이 태어나 자기 집안의 **성**(姓)을 갖고, 자기만의 **이름**[名]을 얻어 살고 있다. 남자와 여자로 성별이 달라도, **어린이**[小人]와 **젊은이**[青年]와 **노인**(老人)으로 나이는 달라도 인간이라는 점에서는 모두 소중하고 평등하다.

배울 한자: 男女, 老少, 姓名, 青年, 多少

男 사내 남	畎 → 㽗 → 男 田 + 力 (밭 전) (힘 력) 농기구로 밭을 갈 때 힘쓰는 남자를 뜻함. 丨 冂 曰 用 田 男 男	
男 男		

老 늙을 로	耂 → 耂 → 老 머리털이 길고 허리가 굽은 노인이 지팡이를 짚고 있는 모습 一 + 土 耂 耂 老	
老 老		

이야기 속의 한자

○ 많을수록 좋다

한나라 고조 유방은 중국 천하를 통일한 왕이다. 그는 한신이라는 훌륭한 장수가 도와주어 통일의 위업을 이룰 수 있었다. 한신은 원래 항우 쪽의 사람이었으나 한 고조가 된 유방 쪽에 귀순했다. 어느 날, 두 사람이 여러 장수의 능력에 대해 이야기를 하고 있었다.

유방이 한신에게 물었다.

"나는 어느 정도의 군사를 통솔할 수 있겠는가?"

"폐하께서는 10만 명 정도 거느릴 수 있습니다."

"그럼 그대는 몇 명 정도를 거느릴 수 있는가?"

"저는 많으면 많을수록 좋습니다."

이 말을 들은 유방은 조금 화가 났다.

"장군은 나보다 더 많은 군사를 거느릴 수 있는 능력이 있다는 말인데, 그러면 그대는 예전에 왜 나에게 잡혔는가?"

그러자 한신이 말했다.

"저는 군사를 잘 통솔하는 능력이 있기 때문에 장수가 된 것이고, 폐하께서는 장수를 통솔하는 능력이 탁월하시기 때문에 왕이 되실 수 있었던 것입니다."

○ **多多益善 다다익선** 多: 많을 다, 益: 더할 익, 善: 착할·좋을 선

많으면 많을수록 더욱 좋음.

15 무형과 유형

문화재 중에는 **유형**(有形) **문화재**(文化財)와 **무형**(無形) 문화재가 있다. 유형 문화재는 건축물이나 그림, 책 등 형태를 지닌 문화재이다. 무형 문화재는 모양이 뚜렷하게 드러나지 않는 기술이나 음악 등 역사적으로나 예술적으로 높은 가치를 지니는 문화재를 말한다.

배울 한자: 文化財, 有形, 無形, 前後

文 글월 문	사람의 정면, 가슴 부분에 문신을 새긴 모양으로 무늬, 글자, 문장을 뜻함. 丶 亠 ナ 文	
文 文		

| 化 될 화 | 亻(←人) + 匕(←人)
(사람 인) (거꾸로 된 사람 모양)
사람은 누구나 죽게 된다는 의미에서 되다, 변하다라는 뜻이 됨.
ノ 亻 化 化 | |
| 化 化 | | |

15 무형과 유형

前 앞 전
艹 → 歬 → 前
止(←止) + 月(←舟) + 刂(←刀)
(발 지) (배 주) (칼 도)
배를 타고 앞으로 나아간다는 의미

後 뒤 후
後 → 後 → 後
彳 + 幺 + 夊
(조금 걸을 척) (작을 요) (뒤에 올 치)
어린아이가 작은 걸음으로 뒤처져 온다는 뜻

| 文化 문화 |
| 有形 유형 |
| 無形 무형 |
| 前後 전후 |
| 人形 인형 |
| 名文 명문 |

이야기 속의 한자

○ 그림자 없는 탑

　백제에 이름난 석공 아사달이 살고 있었다. 그는 아사녀를 아내로 삼은 지 얼마 안 되어 신라로 떠나게 되었다. 신라에서는 불국사 건축이 이뤄지고 있었는데 그곳에 석탑을 만들러 가게 된 것이다. 아사달은 고향을 떠나 3년 동안 석탑 만드는 일에만 마음과 몸을 바쳤다. 석탑도 거의 완성되어 가고 있었다.

　아사달이 3년 동안 돌아오지 않자 아사녀는 아사달을 찾아 서라벌로 떠났다.

　"탑이 마무리될 때까진 아무도 만날 수 없소. 탑이 마무리되면 저기 영지(影池:그림자 연못)라는 연못가에 탑의 그림자가 비칠 거요."

　문지기의 말을 듣고 아사녀는 연못가를 서성거리며 탑이 마무리되기만을 기다렸다.

　그러던 중 아사녀는 아사달이 신라의 공주와 혼인할 거라는 소문을 듣게 되었고, 끝내 영지에 몸을 던져 죽고 말았다.

　아사녀가 죽은 걸 알게 된 아사달은 커다란 바위에 아사녀의 모습을 새기기 시작했다. 아사녀와 부처의 모습이 한데 어우러진 불상이 완성된 날, 아사달도 영지에 몸을 던지고 말았다.

　그 뒤 탑의 그림자가 비치지 않았다 하여 석가탑은 무영탑(無影塔:그림자가 없는 탑)이라고 불렸다.

　우리나라가 자랑하는 문화재(文化財) 불국사 석가탑에는 이토록 아름답고 슬픈 사랑 이야기가 녹아 있다.

○ **無影塔 무영탑** 無:없을 무, 影:그림자 영, 塔:탑 탑
그림자가 없는 탑

연습 문제

1. 다음 한자와 뜻이 반대되는 한자를 써 봅시다.

① 內 ↔ (　　　)　　② 左 ↔ (　　　)

③ 本 ↔ (　　　)　　④ 多 ↔ (　　　)

2. 다음 한자를 숫자로 써 봅시다.

① 五百三十四 :　　　　② 六千七百 :

③ 九百八十二 :　　　　④ 一千九百 :

3. 아래의 한자를 2개 이상 합하여 새로운 한자를 5개 만들어 봅시다.

女, 日, 夕, 口, 田, 寺, 生, 月, 力

예) 日 + 月 = 明

①　　　②　　　③　　　④　　　⑤

4. 다음 한자어의 음을 써 봅시다.

① 光明 :　　　　② 可否 :

③ 文化 :　　　　④ 老人 :

5. 다음 □ 안에 들어갈 적당한 한자를 〈보기〉에서 골라 낱말을 만들어 봅시다.

〈보기〉 光, 間, 靑, 少

① □ 年　　　　② 時 □

③ □ 年　　　　④ □ 明

다음 낱말 잇기의 빈 칸을 한자로 채워 봅시다.

• 세로 열쇠 •

1. 공명정대(하는 일이나 행동이 떳떳하고 바름)
2. 십 분 전(10분 전)
5. 유무(있고 없음)
8. 무형(형체가 없음)
9. 남녀노소(남자, 여자, 늙은이, 젊은이)
11. 시대(그 당시, 당대)
12. 문화재(문화적 가치가 있는 유형·무형의 유산)
13. 연말(한 해의 마지막 때)
15. 성명(성씨와 이름)

• 가로 열쇠 •

1. 공사(공공의 일과 사사로운 일)   2. 십 년 후(10년 뒤)   3. 광명(밝고 환함)   4. 오 분(5분)
6. 정문(주된 출입문)   7. 전무후무(전에도 없었고 앞으로도 없음)   10. 선녀(여자 신선)   11. 시간(때)
12. 문자(말의 음과 뜻을 나타내는 시각적 기호, 글자)   13. 연대(어떤 사실이 있은 해)
14. 다소(분량이나 정도의 많고 적음)   16. 유명(이름이 널리 알려져 있음)

연습 문제 정답
1. ① 外 ② 右 ③ 末 ④ 少   2. ① 534 ② 6700 ③ 982 ④ 1900   3. ① 姓 ② 多 ③ 名 ④ 男 ⑤ 時
4. ① 광명 ② 가부 ③ 문화 ④ 노인   5. ① 少 ② 間 ③ 青 ④ 光

16 할아버지와 손자

아버지의 아버지는 **할아버지**[祖]가 되고, 아들의 아들은 **손자**(孫子)가 되며, 나와 부모가 같은 이는 **형제**(兄弟)가 된다. 또 **부부**(夫婦)가 아들딸을 낳으면 뒤에 **부자**(父子), 모자, 부녀, 모녀가 된다.

배울 한자: 兄弟, 祖孫, 夫婦, 血肉

이야기 속의 한자

◦ 멋진 할아버지와 똑똑한 손자

조선 중기 때의 채무일이란 사람은 글과 그림에 뛰어난 학자였다. 그의 할아버지 채수 또한 시와 글과 그림에 뛰어났으며 높은 벼슬을 지냈다.

무일이 대여섯 살 무렵이었다. 채수가 밤에 무일을 안고 누워 있다가 시 한 구절을 이렇게 지었다.

"손자는 밤마다 책을 읽지 않는구나."(孫子夜夜讀書不 손자야야독서불)

그러고는 무일에게 그 시의 짝이 되는 구절을 지으라고 하였다. 무일은 재치 있게 짝을 맞추었다.

"할아버지는 아침마다 약주를 심하게 드신다."(祖父朝朝飮酒猛 조부조조음주맹)

또 어느 눈 오는 날, 채수가 무일을 업고 가다가 시 한 구절을 읊었.

"개가 달려가니 매화꽃이 떨어지는구나."(개 발자국이 매화 꽃잎 모양임.)

할아버지의 말이 끝나자마자 무일도 그 시의 짝을 맞추었다.

"닭이 지나가니 대나무 잎이 그려지네."(닭 발자국이 대나무 잎 모양임.)

멋진 할아버지와 똑똑한 손자가 서로 어울려 정겨운 모습을 보여 준다.

◦ 祖父朝朝飮酒猛 조부조조음주맹

祖:할아버지 **조**, 父:아비 **부**, 朝:아침 **조**, 飮:마실 **음**, 酒:술 **주**, 猛:용감할·사나울 **맹**
할아버지는 아침마다 약주를 심하게 드신다.

17 네 방향과 사계절

우리는 시간과 공간 속에서 살아간다. 일 년의 시간은 **봄, 여름, 가을, 겨울**[春夏秋冬]로 이어진다. 계절의 흐름 속에서 씨를 뿌리고 추수를 하고, 새 학년을 시작하고 마치며 살아가고 있다. 공간은 위아래와, **동서남북**(東西南北)의 네 방위가 있다. 그 중심에는 사람, 나 자신이 있다.

배울 한자: 東, 西, 南, 北, 春, 夏, 秋, 冬

東 동녘 동
東 → 東 → 東
日 (해 일) + 木 (나무 목)
동쪽에서 떠오르는 해가 나무에 걸려 있음.

西 서녘 서
서쪽으로 해가 기울면 새가 둥지로 돌아옴.

| 秋 가을 추 | 禾 (벼 화) + 火 (불 화) 벼가 익는 가을을 뜻함. ノ 二 千 千 禾 禾 禾 秋 秋 | |

| 冬 겨울 동 | 실의 끝매듭 모양으로 계절의 끝인 겨울을 뜻함. ノ ク 夂 冬 冬 | |

南山 남산	南 山
東北 동북	東 北
東方 동방	東 方
西北 서북	西 北
立春 입춘	立 春
江南 강남	江 南

이야기 속의 한자

- **밥은 동쪽에서 먹고 잠은 서쪽에서 자고**

　옛날 어느 마을에 한 처녀가 있었다. 결혼할 때가 되어 신랑감을 찾던 중 한꺼번에 두 곳에서 중매가 들어왔다. 그런데 동쪽 마을의 젊은이는 못생겼지만 집안이 부유했고, 서쪽 마을의 젊은이는 잘생겼지만 집안이 매우 가난했다. 처녀의 부모는 어디를 선택해야 할지 마음이 왔다 갔다 하여 고민하던 중 딸의 의견을 들어 보기로 했다.

　"얘야, 동쪽 신랑감은 재산은 많지만 신랑 인물은 볼 게 없어. 그런데 서쪽 신랑감은 사람은 나무랄 데 없지만 집안이 너무 가난해서 고생길이 훤하구나. 만일 동쪽으로 시집가고 싶으면 오른손을 들고, 서쪽으로 시집가고 싶으면 왼손을 들어라."

　부모의 말을 들은 처녀는 두 손을 다 들며 이렇게 말했다.

　"낮에는 동쪽 집에서 밥을 먹고, 밤에는 서쪽 집에서 자고 싶어요(東家食西家宿 동가식서가숙)."

　'동가식서가숙'이란 말은 먹을 곳과 잘 곳이 없이 떠도는 사람 또는 그런 행동을 가리키는 말이기도 하고, 자신의 잇속을 차리기 위해 지조 없이 여기저기 왔다 갔다 하는 행태를 가리키기도 한다.

- **東家食西家宿 동가식서가숙**
　東:동녘 동, 家:집 가, 食:먹을 식, 西:서녘 서, 宿:잠잘 숙

18 더욱 편리한 생활

의식주(衣食住)는 우리 생활의 기본이다. 옷과 먹을 것과 집은 사람이 살아가는 데 가장 기본 조건이다. 더 편리한 생활을 하기 위해서는 의식주뿐 아니라 여러 가지 **생활**(生活) 도구가 필요하다. 지금 집 안에 갖춰진 물건들을 100년 전과 비교해 보자. 여러 면에서 편리해졌지만 그만큼 물건이 많아졌다. 더 편리한 생활을 위해 **미래**(未來)에는 어떤 물건들이 생겨날까?

배울 한자: 生活, 衣裳, 飮食, 住居, 未來

活 살 활
氵(←水) + 舌
(물 수) (혀 설)
물이 활기차게 움직임.
丶丶氵氵汒沪活活活

衣 옷 의
옷깃을 앞에서 여민 모습
丶一ナ オ 衣 衣

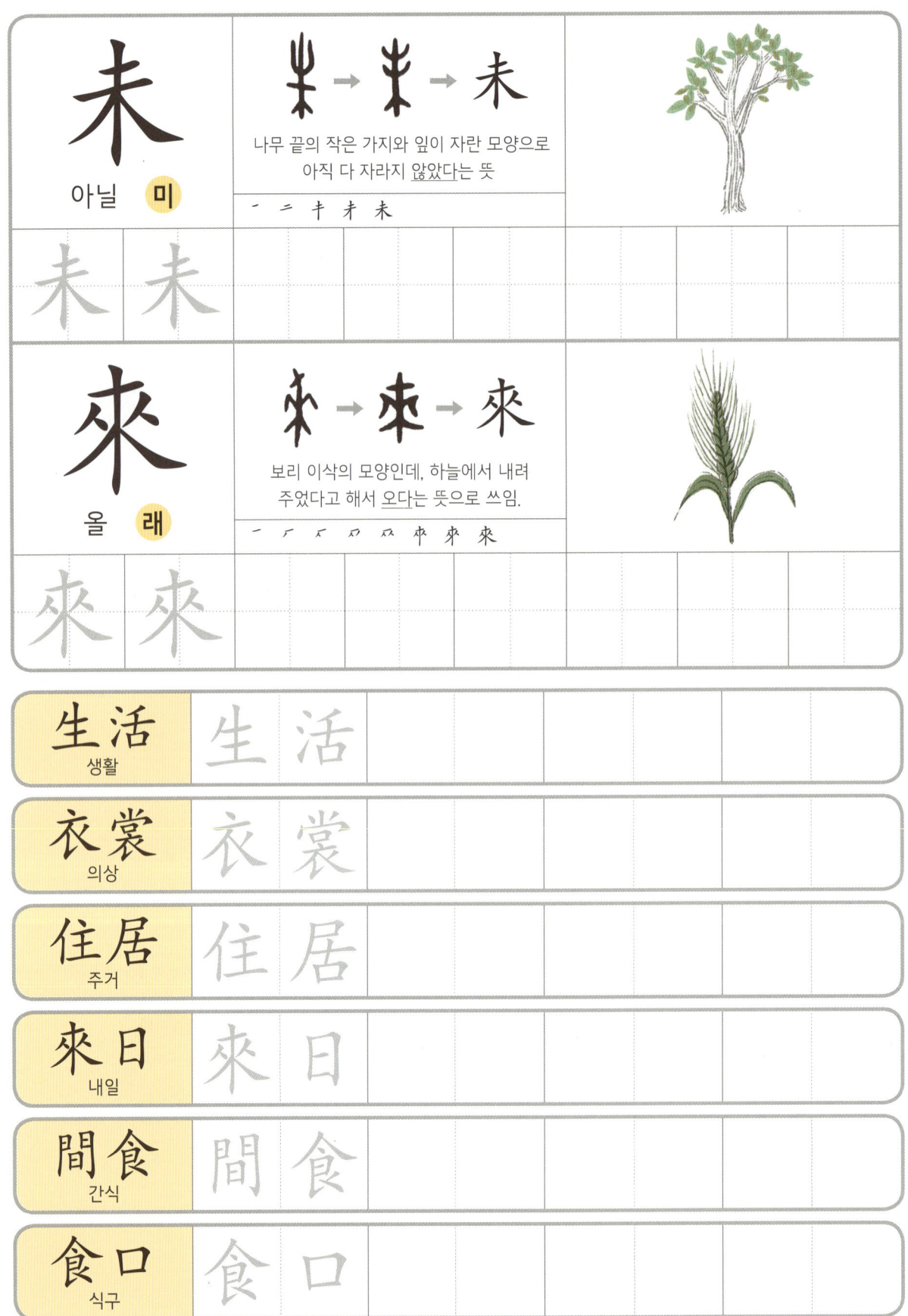

이야기 속의 한자

○ **대들보 위의 군자**

　학식과 덕망을 고루 갖춘 진식이라는 사람이 어느 지방의 원님을 맡아 다스리고 있었다. 한번은 그 지방에 심한 흉년이 들었다. 어느 날, 진식이 책을 읽다가 이상한 느낌이 들어 대들보 위를 보니 도둑이 숨어 있었다. 진식은 태연히 있다가 온 가족을 불러들였다.

　"모름지기 사람은 아무리 어려워도 부지런히 일해서 올바르게 살아야 한다. 물론 나쁜 짓을 하는 것은 사람이 본래 악해서 그런 것이 아니라 생활(生活) 환경이 좋지 않아 그렇게 되는 것이다. 지금 저 대들보 위의 군자[梁上君子: 도둑. 군자는 덕 있고 재주 있는 사람을 가리키는 말]도 아마 그럴 것이다. 너희는 어떤 환경 속에 살더라도 나쁜 짓을 해서는 아니 된다."

　도둑은 이 말을 듣고 크게 놀라 내려와 자신의 죄를 빌었다.

　진식은 또 그 도둑을 깨우쳐 주었다.

　"너의 얼굴 모습을 보니 악한 사람 같지가 않구나. 의식주(衣食住)가 힘겨운 가난 때문에 이렇게 된 것 같으니, 자신을 잘 돌아보고 악한 마음을 이겨 나가야 한다."

　진식은 그에게 비단 두 필을 줘서 내보냈다. 이 일이 널리 알려진 이후 그 지방에는 도둑질하는 사람이 없어졌다고 한다.

○ **梁上君子 양상군자** 梁:대들보 량, 上:위 상, 君:군자 군, 子:아들 자

대들보 위의 어질고 덕 있는 사람이라는 뜻으로 도둑을 거꾸로 빗대어 나타낸 말

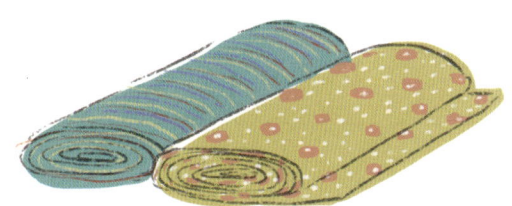

19 당당하고 깨끗한 행동

떳떳하지 못하거나 거짓된 일을 하고 나면 부끄럽고 당당하지 못하다. 사람들을 피하게 되고, 또 다른 거짓을 저지르게 된다. 우리 **자신**(自身)이 당당하고 깨끗한 행동을 할 때 다른 사람과도 좋은 관계를 이룰 수 있다. 우리 **민족**(民族)과 **국가**(國家) 또한 **세계**(世界) 속에서 자신감을 갖고 당당해야 한다. 우리가 당당할 때 다른 나라와 공정하고 동등한 관계가 이루어진다.

> 배울 한자: 世界, 民族, 國家, 自身

世 — 세상 세

초목의 가지에 새싹이 나오는 모양으로 새로운 세대, 세상을 뜻함.

一 十 卄 廿 世

界 — 지경 계

田(밭 전) + 介(끼일 개)

논밭의 경계를 나타냄.

丨 口 日 用 田 乎 界 界

이야기 속의 한자

○ 잃어버린 도끼

어떤 사람이 도끼를 잃어버리고 나서 생각해 보니 옆집 아이가 훔쳐 갔을 거란 생각이 들었다. 그래서 그 아이를 주의 깊게 살펴보니 행동이며 말투에 당당(堂堂)함이 없고 자신을 피하는 기색이었다.

'저 아이가 도끼를 훔쳐 간 것이 분명(分明)해.'

그런데 얼마 뒤 그는 자기 집 뒷산에서 잃어버렸던 도끼를 찾았다.

그 뒤로 다시 옆집 아이를 잘 살펴보니 예전과 달리 도끼를 훔친 애 같지가 않았다.

도둑처럼 보이고 안 보이고는 모두 자신(自身)의 생각에 달려 있었던 것이다. 확실한 사실을 모르면서 함부로 자신의 생각만 옳다고 판단하고 남을 의심해서는 안 된다.

- **堂堂 당당** 堂:집·평평할 당
  거리낌 없는 떳떳한 태도
- **分明 분명** 分:나눌 분, 明:밝을 명
  틀림없이 확실함을 뜻함.
- **自身 자신** 自:스스로 자, 身:몸 신
  자기, 제 몸을 뜻함.

20 농촌의 아름다운 풍습

농사(農事)를 짓고 살아가는 농경 사회에서 사람들은 씨를 뿌린 뒤 그 씨앗이 자라 열매 맺을 때까지 참고 기다렸다. 농사일이 바쁠 때는 마을 사람들이 힘을 모아 **공동**(共同)으로 일을 해내는 두레의 덕을 보기도 했다. 서로 돕는 **부조**(扶助)의 **풍습**(風習)은 아직도 우리 사회 곳곳에 남아 있다.

배울 한자: 農事, 共同, 風習, 相扶相助

이야기 속의 한자

○ 모를 잡아당긴 사람

옛날에 어떤 사람이 자기 논의 모가 자라지 않는 것을 근심하여 날마다 논에 나가 얼마나 자랐는지를 재 보았다. 그러나 모가 너무 느리게 자라는 것 같아 조바심이 나고 애가 끓었다.

어느 날 그는 논에 가서 모를 뽑아 높이 솟게 만들고 나서 집에 돌아와 집 식구들에게 이렇게 자랑했다.

"오늘은 몹시 피곤하구나. 모가 잘 자라도록 내가 도와주었거든[助長]."

깜짝 놀란 아들이 논으로 달려가 보았더니 모가 위로 다 뽑힌 채 말라 죽어 있었다.

세상의 모든 일을 순리대로 하지 않고 억지로 한다면 이처럼 일을 망치게 된다.

이 이야기에서 '조장(助長)'이라는 말이 나왔다. 조장의 원래 뜻은 '자라도록 돕는다.'이지만, 조급히 키우려고 무리하게 힘을 써 오히려 망친다는 뜻을 담게 되었다.

○ **助長 조장** 助:도울 조, 長:자랄 장
도와서 더 자라게 함. 바람직하지 않은 일을 부추김.

20 농촌의 아름다운 풍습

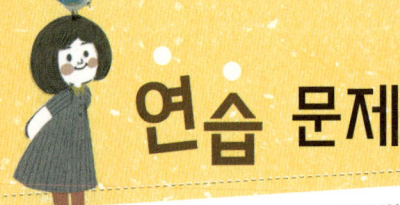

연습 문제

1. 다음 한자들을 반대자끼리 연결해 봅시다.

① 兄　　　　　　　㈎ 北
② 夫　　　　　　　㈏ 弟
③ 南　　　　　　　㈐ 婦
④ 冬　　　　　　　㈑ 夏

2. 아래의 한자에서 공통된 부분을 찾아서 쓰고, 그 뜻과의 관계를 생각해 봅시다.

① 春(봄 춘) : 時(때 시) → (　　　　　　)

② 衣(옷 의) : 裳(치마 상) → (　　　　　　)

③ 好(좋을 호) : 婦(아내 부) → (　　　　　　)

3. 다음 한자의 뜻이 바르게 된 것에 ○표를 해 봅시다.

① 東 : 동쪽 (　　　)　　② 飮 : 먹다 (　　　)

③ 事 : 일 (　　　)　　　④ 身 : 발 (　　　)

4. 다음 한자어의 음을 써 봅시다.

① 世界 :　　　　　　② 住居 :

③ 同族 :　　　　　　④ 相扶相助 :

5. 다음 한자를 넣어 2개 이상의 낱말을 만들어 봅시다.

① 民 □□　　□□　　② 食 □□　　□□

○ 다음 낱말 잇기의 빈 칸을 한자로 채워 봅시다.

세로 열쇠

2. 제자(스승으로부터 가르침을 받는 사람)
4. 명백(밝고 분명함)
5. 가족
7. 손녀
9. 의식주(옷, 음식, 주택)
10. 미래(장차 올 앞날)
13. 입국(국경 안으로 들어감)
14. 자신
15. 조부(할아버지)
17. 강남(강의 남쪽)
18. 서방(서쪽 방향)
19. 풍토(그 지방의 기후와 토질)
21. 이목(귀와 눈, 남들의 주의)
22. 풍습(풍속과 습관)

가로 열쇠

1. 형제(형과 아우)   3. 문명(인류가 이루어 놓은 유산)   6. 자손(아들과 손자)
8. 백의민족(흰옷을 즐겨 입는 우리 민족)   11. 여왕(여자 임금)   12. 내년
13. 입주(새로 지은 집에 들어가 삶)   15. 조국(조상 때부터 살아온 나라)   16. 심신(몸과 마음)
18. 서남풍(서남쪽에서 불어오는 바람)   20. 마이동풍(남의 말을 귀담아듣지 않음)
23. 토성(태양계의 행성 중 하나)

연습 문제 정답

1. ① 나 ② 다 ③ 가 ④ 라   2. ① 日, 시간적 의미를 가짐. ② 衣, 옷과 관련된 뜻을 가짐. ③ 女, 여자와 관련된 뜻을 가짐.   3. ① (O) ② ( ) ③ (O) ④ ( )
4. ① 세계 ② 주거 ③ 동족 ④ 상부상조   5. ① 民族, 國民, 民心 ② 食口, 飮食, 肉食

읽으면서 깨치는
나의 첫 한자책 ①

1판 1쇄 발행일 2019년 6월 21일
1판 5쇄 발행일 2023년 8월 7일

지은이 이이화 강혜원 박은숙
그린이 박지윤

발행인 김학원
발행처 휴먼어린이
출판등록 제313-2006-000161호(2006년 7월 31일)
주소 (03991) 서울시 마포구 동교로23길 76(연남동)
전화 02-335-4422 **팩스** 02-334-3427
저자·독자 서비스 humanist@humanistbooks.com
홈페이지 www.humanistbooks.com
유튜브 youtube.com/user/humanistma **포스트** post.naver.com/hmcv
페이스북 facebook.com/hmcv2001 **인스타그램** @human_kids

편집 정은미 이주은 **디자인** 림어소시에이션
용지 화인페이퍼 **인쇄** 삼조인쇄 **제본** 해피문화사

ⓒ 이이화·강혜원·박은숙, 2019

ISBN 978-89-6591-369-6 74720
ISBN 978-89-6591-368-9 (세트)

· 이 책은 저작권법에 따라 보호받는 저작물이므로 무단 전재와 무단 복제를 금합니다.
· 이 책의 전부 또는 일부를 이용하려면 반드시 저작권자와 휴먼어린이 출판사의 동의를 받아야 합니다.
· **사용 연령 8세 이상** 종이에 베이거나 긁히지 않도록 조심하세요. 책 모서리가 날카로우니 던지거나 떨어뜨리지 마세요.